KB120398

여자 리셋

여자 리셋

초 판 1쇄 2022년 05월 04일
초 판 2쇄 2022년 06월 30일

지은이 윤금서
펴낸이 류종렬

펴낸곳 미다스북스
총괄실장 명상완
책임편집 이다경
책임진행 김가영, 신은서, 임종익, 박유진

등록 2001년 3월 21일 제2001-000040호
주소 서울시 마포구 양화로 133 서교타워 711호
전화 02) 322-7802~3
팩스 02) 6007-1845
블로그 http://blog.naver.com/midasbooks
전자주소 midasbooks@hanmail.net
페이스북 https://www.facebook.com/midasbooks425

ISBN 979-11-6910-019-9 03190

값 15,000원

여자 리셋

숨기지 않을 용기

우아하고 당당하게

윤금서 지음

미다스북스

들어가는 말

우리는 아름다웠고 아름답고 더 아름다워질 것이다

코로나가 뭔지도 몰랐던 2018년 가을, 일상에 지친 친구와 나는 둘이서 훌쩍 세부로 떠났다. 거기서 만난 38세 미영 씨는 대담하게도 혼자 여행을 왔다고 했다. 여행 첫날 밤, 저녁을 먹고 철썩거리는 파도 소리를 들으며 모래사장 위에 앉아 깔깔거리며 밤공기에 취해갈 때쯤, 미영 씨는 또르르 눈물을 흘렸다.

"언니, 저 서른여덟 살인데 조기 폐경이래요. 인생이 왜 이런지 몰라요. 열심히 일만 하고 살았는데…. 5년 동안 사귄 남자친구랑 이 일로 헤어졌어요. 앞으론 결혼 안 하고 혼자 살 거예요."

딱했다. 뭐라 할 말이 없었다. 그렇게 처음 보는 사람과 마음의 바닥을 나누고 우린 헤어졌다.

내 나이 45세 이른 폐경이 왔다. 하염없이 바닥으로 추락하던 날 문득 미영 씨가 떠올랐고 그녀 위로 내가 겹쳐 보였다. 그동안 남편과 아이들만 생각하며 살았다. 누구보다 아이들을 잘 키우고 싶었고, 가족을 위해 최선을 다하며 살았기에 나 자신을 돌볼 시간 따위는 없었다. 이른 폐경은 앞으로 여자로는 살 수 없을 거란 두려움과 상실감을 주었고, 혹시나 누가 그 사실을 알까 봐 숨기기에만 급급했다. 내 몸을 돌보지 않았던 탓에 갱년기 증상을 온몸으로 받아내야 했고, 마음마저 만신창이가 되었다.

그러던 중 찾아온 코로나는 나를 더 우울하게 만들었다. 엎친 데 덮친 격으로 건강 검진에서 발견된 유방의 종양이 유방암일 수도 있다는 진단을 받았다. 조직 검사 후 결과를 기다리던 암흑 같은 일주일. 혼자 방에 틀어박혀 시름시름 앓고 있던 날 위해 자매들이 나섰다. "금서야, 우리 제주도 가자. 가서 좋은 것도 보고 사진도 찍고 맛있는 것도 먹으며 기분 전환하고 오자. 너 이렇게 우울하게 있는 거 보니까 우리도 같이 속상해." 그렇게 네 자매는 제주도로 떠났다. 갑갑한 일상으로부터의 탈출이었고, 행복한 여행이었다. 그러나 돌아오는 길에 이름 모를 확진자와 같은 비행기를 타버렸고, '밀접 접촉자'가 되어 자가 격리자 신세가 되었다. 세상은 나를 2평짜리 방으로 14일 동안 강제 감금시켜버렸다.

첫 일주일은 하루가 1년 같이 느껴지는 감옥 생활이었다. 방에 갇혀서 주는 밥만 먹으며 온종일 천장을 바라보며 내 인생을 한탄했다. 모든 생활은 마비되었고, 2주 동안 나의 모습은 독 안에 든 쥐나 다름없었다. 전화기만 붙들고 신세 한탄만 하던 내게 여동생은 이렇게 말했다.

"언니야, 〈슬기로운 감빵 생활〉이란 드라마 봐봐. 재밌어서 시간 가는지 모를 거야."

TV 보는 걸 딱히 좋아하지 않았지만 할 일도 없었고 시간이 빨리 간다는 말에 리모컨을 들었다. 드라마는 '감옥 같은 격리 기간'을 '슬기로운 격리 기간'으로 바꿔주었다. 잘나가는 월드 스타였던 주인공은 성폭행을 당하던 동생을 구하려다 억울하게 감옥살이하게 된다. 온갖 시련이 감방에서 일어났지만 굴하지 않고 자신의 꿈을 위해 최선을 다하는 그를 보며 세상은 마음먹기 나름이라는 것을 깨달았다.

마음을 바꿔먹는 순간, 14년 같던 격리 기간이 오히려 부족하게 느껴졌다. 바쁘게만 살았던 나를 되돌아보는 시간이 주어졌다고 생각하니 오히려 감사하는 마음이 생겨났다. 평소 연락을 잘 하지 않던 아빠에게 안부 전화를 드릴 수 있는 여유가 생겼고, 날 위해 맛있는 요리를 했다. 하고 싶었던 공부, 읽고 싶었던 책을 읽었고, 미뤘던 잠도 실컷 잤다. 나라에서 주는 자가 격리 지원금을 휴가 보너스라 생각하며 공식적인 휴가를 선포했다. 14일의 격리 기간은 7일간의 감옥 생활과 7일간의 호텔 생활이었다. 환경은 하나도 달라지지 않았지만 마음먹기에 따라 모든 것이 달라졌다.

마음이 바뀌니 갱년기가 달리 보였다. 마냥 힘들다며 우울해할 필요가 없었다. 갱년기는 인생 전반을 열심히 달려온 날 위한 재충전의 시간이다. 내 몸에 부족했던 에너지를 가득 채우고, 내 몸을 점검하며 인생 후반을 위해 필요한 준비를 할 수 있다. 나처럼 힘든 갱년기를 겪는 세상 모든 여성과 이 터닝 포인트를 공유하고 싶었다. 누구에게도 털어놓을 수 없었던 속 이야기를 시원하게 털어내고 싶었다.

내가 먼저 갱년기의 고충을 털어놓자 주위의 언니, 동생 할 것 없이 자신들의 갱년기 이야기를 털어놓기 시작했다. 나는 그들의 이야기에 귀

기울이며 인터뷰를 했다. 많은 여성이 갱년기를 겪으며 힘든 시간을 보내고 있었다. 그러나 다들 쉽게 말을 꺼내지 못한 채 혼자 끙끙 앓고 있었다. 갱년기를 향한 부정적인 시선을 바꾸고 싶었다. 갱년기는 더 이상 두려워할 일이 아니다. 사춘기를 맞이하듯 시간이 흘러 자연스럽게 갱년기를 맞이한 것뿐이다. 나와 그녀들이 자신의 갱년기를 어떻게 마주하고 있는지 기록하며, 그 기간의 우여곡절을 책에 담았다.

첫 생리를 축하해주는 것처럼 생리가 끝나는 폐경(완경)도 새 인생의 출발로 축하해주자. 이제는 뜨겁게 나를 사랑할 시간이다. 갱년기를 함께 극복하고자 럽마셀(Love Myself) 독서 모임을 만들었다. 아직도 갱년기 앞에 움츠러드는 나 자신을 일으켜 세우고, 갱년기 여성들의 성장을 돕는 리더로 새롭게 시작하고자 이 책을 쓴다. 갱년기 여성들이 행복을 찾고 리셋 되어가는 과정에 함께하고 싶다. 누구나 겪게 되는 갱년기, 이젠 숨기지 않겠다. 당당하게 갱년기의 친구가 되어 오늘을 잘 이겨내는 방법을 알려줄 것이다. 성격 급한 당신이라면 2장을 먼저 읽어도 좋을 것이다. 이 책에 등장하는 많은 여자와 똘똘 뭉쳐 우아하고 아름답게 우리의 인생 후반기를 준비할 수 있길 바란다. 무엇보다 당신이 혼자라는 생각을 하지 않길 바란다. 우리는 아름다웠고 아름답고 더 아름다워질 것이다.

여자리셋
시클라멘

목차

2장 언니, 갱년기 얘기 좀 해줘요

3장 갱년기, 더는 숨기지 않겠습니다

4장 여자 리셋으로 당당하게 갱년기

5장 당신의 갱년기 함께 이겨내요

HAPPY WOMEN'S DAY

1장

벌써 폐경이라니요

01

설마 했던 일이 일어났다

쌓인 피로를 푸는 나만의 방법은 사우나였다. 따뜻한 물에 몸을 담그고 반신욕을 즐기며 마시는 냉커피의 맛은 말로 설명할 수 없다. 커다란 물통에 G7 커피 한 스푼, 설탕 두 스푼의 달짝지근한 아이스커피를 마실 때면 '이거지, 이거!' 하는 탄성과 함께 어깨춤이 절로 나온다. 스트레스가 싹 씻겨나가고, 땀으로 노폐물이 '쏙' 빠지는 개운함은 봄맞이 대청소를 한 느낌이라 사우나는 최고의 힐링이었다. 이런 소중한 시간을 방해하는 훼방꾼은 원치 않아도 어김없이 찾아오는 불청객, 바로 생리였다.

그런데 어느 순간부터 불청객과의 접선이 줄어들기 시작했다. 첫째, 둘째 날 빼고는 팬티 라이너로 충분히 해결 가능했다. 불규칙한 생리 주기가 여전히 불편했지만 양이 줄어드니 사우나를 방해받지 않는다는 생각에 좋기도 했고 편하기도 했다.

어떤 여자가 생리를 반가워할까? 월요일에 생리가 터지면 '샐리의 법칙' 같았고, 금요일에 터지면 '머피의 법칙'처럼 한 주 내내 나의 삭신을 아프게 했던 불청객이 서서히 보이지 않더니 3개월째 찾아올 기미가 보이지 않았다. 양이 많이 줄었지만 그래도 꼬박꼬박 나를 귀찮게 했었는데 갑자기 서운한 마음도 들었다. '하늘을 보지 않았으니 별을 딴 것'도 아닌데…. 다소 신경은 쓰였지만, 몸이 편하니 한두 달은 일부러 모르는 체했다. 하지만 시간이 흐를수록 불안과 걱정이 쌓였다. 무슨 문제가 생긴 걸까? 이참에 자궁암 검사도 받아야겠다 싶어 산부인과를 찾았다. 의사 선생님은 자궁 내막도 얇은 편이고, 폐경에 가까운 것 같다고 호르몬 검사를 한번 해보자고 하셨다. 순간 내 귀를 의심했다. 선생님이 말한 '폐경'이라는 단어는 마른하늘에 날벼락이었다.

'에이~, 설마 말도 안 돼! 내 나이가 몇인데 벌써 폐경이라니, 나 아직

40대야.' 한 번도 폐경을 상상해본 적 없었다. 나이 50이 넘어서 오는 게 폐경이 아니던가? 40대에 폐경이라니 당치도 않았다. 이런 이야기는 들어본 적도 없기에 아닐 거라고 확신했다. 결과를 위한 예약을 일주일 뒤로 잡고 집으로 털레털레 돌아왔다. 7일이 마치 7년 같았다. 이유 없이 화장실을 들락거리며 혹시나 하고 '홍 양'을 기다렸지만, 그녀는 끝내 나를 외면했다.

결과를 보러 병원에 가던 날, 옷매무새를 확인하고 집을 나서려는데 그날따라 유독 초라해 보이는 내가 거울 속에 있었다. 화장품을 다시 꺼내 들고 팩트를 덧발라도 소용이 없었다. 친구가 선물해준 빨간 립스틱을 발라볼까 잠시 고민했지만, 어디에다 뒀는지 기억이 나지 않았다. 급격하게 수척해진 얼굴을 하고 다시 의사 선생님을 만났다.

"호르몬 수치상 폐경이 맞는 것 같습니다. 짧게는 석 달, 길게는 1~2년 사이에 폐경이 될 것 같습니다."

번개를 맞은 것 같았다. 이렇게 빨리 폐경이 된다니 실감이 나질 않았다. 아니길 바라는 일은 어김없이 당연한 일처럼 일어났다.

"폐경 후엔 골다공증이 올 수 있습니다. 멸치를 많이 드시고, 걷기 운동 많이 하셔야 합니다."

의사 선생님의 말씀은 귀에서 심장으로 내려가 콕콕 가슴을 찔러댔고 순식간에 온몸으로 퍼졌고 눈으로 올라가더니 결국 터져버렸다. '내가 여자로서 벌써 끝이라고?' 억울했다. 폐경은 여성성의 상실을 의미했고, '내 몸이 급속히 늙어 가겠구나!' 싶었다. 50이 넘어도 폐경 소식 없는 언니들도 많은데 40대에 이런 걸 먼저 겪다니 암담했다. 아직도 꿈 많은 소녀 같은데, 예쁘고 사랑받고 싶은 여자인데 벌써 폐경이라니 믿고 싶지 않았다. 아직 생리가 완전히 끝난 건 아니니까 뭔가 방법이 있지 않겠냐고 의사 선생님께 여쭸지만 호르몬 주사는 권하지 않는다고 하셨다.

서둘러 전화를 걸어 폐경을 먼저 겪은 주위 언니들에게 도움을 요청했다. 석류, 칡, 달맞이 등 언니들은 에스트로겐 성분이 들어있는 식품을 섭취하면 다시 생리를 하기도 한다고 했다. 그길로 바로 석류즙, 칡즙을 왕창 주문했다. 보조 식품을 열심히 섭취하고 한 달쯤 지났을까 싶었는데 신기하게 생리가 나오기 시작했다. 언제 그랬냐는 듯 너무도 정상적으로 생리가 나왔다.

'그래, 내가 무슨 폐경이야? 그땐 잠깐 호르몬에 문제가 있었던 걸 거야.'

안도의 한숨을 내쉬었지만, 건강 보조 식품을 끊자 다시 생리는 끊어졌다. 두 달이 지나도 여전히 생리는 나올 기미가 안 보였다. 병원에서는 나의 지병 때문에 호르몬 주사는 맞으면 안 되고, 콜라겐이나 건강 보조 식품도 많이 먹으면 안 된다고 했다.

호르몬이 이겼다. 패잔병의 마음으로 '폐경'을 받아들여야 했다. 더 이상 아니라고 혼자 발버둥 쳐도 소용없었다. 아무에게도 말하고 싶지도, 집 밖으로 나가고 싶지도 않았다. 지하로 몸이 꺼지는 듯 무기력해지고, 삶의 의욕은 한순간 다 사라졌다. 빛줄기 하나 들어오지 않는 컴컴한 독방에 나를 가둬버렸다.

02

이제 좀 멈춰

집에만 처박혀 있었다. 아무도 만나고 싶지 않았다. 싱크홀 같은 침대에 누워 천장을 바라보며 울기도 하고 웃기도 하고 반쯤 미친 사람처럼 지냈다.

'나는 그냥 열심히 살았는데…. 남편과 자식 뒷바라지에 최선을 다했고, 내 일을 누구보다 열심히 했고, 다른 사람들이 걸어 다닐 때 나는 뛰어다니는 삶을 살았는데….'

그동안의 삶을 한번 되짚어봤다. 잠자는 시간을 의도적으로 줄였던 내가 보였다. 학창 시절, 여덟 식구가 사는 집에 살면서 조용히 나만을 위한 시간은 모두가 잠든 밤이었다. 혼자만의 시간이 소중해 잠을 잘 수 없었다. 학창 시절엔 남보다 적게 자고 공부해야 한다는 생각에 잠을 줄였다. 결혼하고 나선 아이들이 잠들고 집 안 정리가 끝나는 시간이 오로지 내 세상이라 잠을 줄일 수밖에 없었다.

자격증에 미친 여자로 보였다. 누가 보면 취미가 자격증 따기인 것처럼 하나둘 자격증을 따기 시작했다. 아이들을 위한 어린이 영어 지도사, 자기 주도 티칭 지도사, 상담 지도사, 문화유산 지도사, 실험 과학 지도사, 평생 교육사, 도시 재생, 대학원 석사까지 쉬지 않고 배움을 이어나갔다. 아침이면 남편 손에 점심 도시락을 쥐여 주고, 아이들이 학교에 가면 이곳저곳을 다니며 공부했다. 오후에는 공부방 수업을 했고, 저녁이면 가족을 위해 유기농 밥상을 차렸다. 주말이면 아이들을 위해 각 지역의 문화유산을 찾아다녔고, 뮤지컬, 전시회, 연주회, 박물관 관람 등 쉼 없는 계획을 빠짐없이 실행으로 옮겼다. 몸이 10개라도 모자라는 삶을 '슈퍼 우먼'처럼 날아다니며 살았다. 내 몸을 그렇게 혹사했으니 모든 에너지가 빨리 소진되는 것은 당연한 일이었다. 옛 어른들 말씀처럼 아플 시간도 없어 감기 한번 안 앓고 살았던 내가 보였다. 참다 참다 폭발한 내 몸이 드디어 본색을 드러내기 시작한 것이었다. 당연한 일이기도 했다.

생리가 끊기면서 온몸이 끊어질 듯 아프기 시작했다. 다 녹슬어버린 고철이 기름칠해달라고 삐걱삐걱 소리 내듯 몸 곳곳에서 아우성이 터져 나왔다. 단백질이 다 빠져나간 머리카락에 헤어 팩을 하고 비싼 오일을 듬뿍 발라도 금세 사자머리가 되었다. 처음엔 잔머리가 많아졌다고 생각했지만, 미용실에선 머리카락 끝까지 영양분이 가질 못해 끝이 갈라지고 끊기는 거라 했다. 얼굴은 푸석푸석해지고 이마 주름은 많아졌고 피부는 탄력을 잃어가고, 심지어 온몸은 건조하고 가려웠다. 급속히 늙어가는 내가 거울 앞에 서 있었다.

발바닥이 아프고 다리에 쥐가 나서 많이 걷는 것도 힘들었다. 하루 종일 '아! 아! 아!' 작은 신음 소리가 습관처럼 입에서 흘러나왔다. 몸이 아플 시간조차 허락지 않았던 주인에게 복수라도 하듯 온몸이 구석구석이 아프기 시작했다. 갱년기의 시작인가? 아니 벌써 갱년기가 진행 중이었는데 나만 모르고 있었던 걸까? 열심히 사는 데만 바빠 내 몸 한번 제대로 챙긴 적 없었다. 모든 에너지가 고갈되어서 모든 기능이 멈춰버린 것 같았다. 아무것도 하지 않아도 피곤했다. 잠을 자도 자꾸만 잠이 왔다. 만나는 사람마다 "어디 아픈 거 아니야? 왜 이렇게 기운이 없어 보여?"라고 지겹게 똑같은 질문을 해댔다. 할 말도 없었고 하기도 싫었다.

이렇게 넋 놓고 있으면 정말 할머니가 될 것 같아 온라인 서점에서 갱년기 관련 책들을 구입해서 읽기 시작했다. 읽으며 읽을수록 폐경을 여성성의 상실과 노화의 시작으로 여겼던 잘못된 생각들이 조금씩 바뀌기 시작했다. 갱년기는 인생 전반을 열심히 달려온 나에게 후반의 재도약을 위해 잠시 휴식을 취하라는 시그널이었다. 전반전을 열심히 뛰었으니, 재정비의 시간이 필요한 건 당연하다. 인생 전반에는 아내와 엄마로서 삶이었다면, 인생 후반에는 오로지 나 자신을 위한 삶을 살아가라고 나에게 좀 더 일찍 찾아온 것뿐이었다.

열심히 살아온 금서야!

이제 좀 멈춰!

잠시 쉬어가자!

재충전의 시간이 필요해!

더 높게 더 멀리 뛰기 위해선 잠시 움츠려도 돼!

이제부터 인생의 주인공은 바로 너야! 새로운 꿈을 꾸고 도약하자!

그래도 괜찮아.

내 몸이 나에게 말을 걸어왔다. 아마 예전에도 쉬지 않고 그렇게 메시지를 보냈을 테다. 주인이 말을 들어 먹질 않으니 통증으로 좀 더 강력한 시그널을 보내는 거였다. 받아들이고 싶지 않았지만 받아들이는 수밖에 별다른 방법이 없어 보였다.

03

진작 그랬어야 했다

자주 가는 절을 찾았다. 스님께 한참이고 하소연을 해댔다. 가만히 이야기를 들으시더니 이윽고 입을 여셨다. 욕심을 내려놓고 100일 기도를 하라셨다. 맘을 편하게 먹어야 건강도 좋아진다며 108배 참회와 감사 기도 명상을 숙제로 주셨다. 삶을 되돌아보니 너무도 열심히 달린 내가 보였다. 사랑받기 위해 애쓰며 살아왔다. 온 정성을 쏟아 남편과 자식을 사랑했으며 최선을 다해 내 일을 했다. 이제 좀 여유가 생기고 살 만하다고 생각했는데…. 갱년기가 오면서 모든 게 덧없어졌다. 필요한 건 휴식이었다.

고심 끝에 네 가지를 '내려놓기'로 마음먹었다.

첫 번째는 문화유산 방문 체험 수업을 내려놓았다. 문화재청에서 지원하고, 경남 파라미터 청소년 연합회 선생님들과 같이 제작한 교재로 진행되는 수업이었다. 한국의 문화유산을 공부할 수 있는 좋은 기회였고, 역사를 전공하신 선생님들과 문화재 현장 답사를 다닐 수 있었다. 그렇게 공부한 문화유산을 아이들에게 가르치고 문화재 모형 만들기 수업을 하고 있었는데 경남 곳곳의 초중등 학교에서 수업했기 때문에 장거리 이동이 잦았다.

두 번째는 운영하던 과학 학원을 내려놓았다. 대학원을 졸업하고 부푼 꿈을 가지고 '윤샘 실험 과학 교실'을 오픈했었다. 코로나 때문에 월세에 기름값, 통행료를 제외하고 나면 적자인 학원이었지만, 실험 과학을 너무 좋아하는 아이들 때문에 차마 그만둘 수 없었다. 하지만 이제 결단을 내려야 했다. 그렇게 내가 하는 세 가지 수업 중 두 가지를 줄였다.

세 번째로는 엄마를 내려놓았다. 아이들은 나에게 아낌없이 주는 나무 같다고 '아주나'라는 별명을 붙여줬었다. 우리 또래 모든 엄마가 다 그랬겠지만 사실 유별난 부분도 있었다. 남편과 자식 뒷바라지에 최선을 다하는 아내이고 엄마였다. 늘 나만 참고 잘하면 우리 가족은 영원히 행복할 수 있다 믿었는데 오히려 우리 가족을 더 불행하게 했구나 하는 깨달음이 생겼다. 이제부터는 '아주나 엄마' 말고 '나'로 살기로 했다.

네 번째는 욕심을 내려놓기로 했다. 나는 5남매의 셋째 딸로 부모님의 관심을 독차지하긴 어려운 존재였다. 5남매는 가끔 치열한 적이 되어야 했다. 무언가를 얻기 위해선 부모님을 설득해야 했고, 누군가의 성취는 곧 누군가의 상실을 의미했다. 큰언니는 큰딸이라 모든 걸 누리고 살았고, 작은언니는 무엇이든 끈질기게 주장해 원하는 것을 결국 얻어냈다. 여동생은 바로 밑에 귀한 남동생이 태어났다는 말도 안 되는 이유로 귀여움을 받았고, 남동생은 윤 씨 집안 대를 이어줄 '귀한 아들'이었다. 깍두기라도 되어 살아남아야 했다. '나만의 필살기'가 필요했다.

우리 남매는 딱히 공부에 관심이 없었기에 성적이 신통치 않았다. 부모님께 사랑받을 방법은 공부라는 것을 직감하고는 몰두했다. 초등학교 방학식 날이면 양 · 가가 섞여 있는 형제들 성적표를 단숨에 제치고 '우 · 수'한 성적표로 어깨 뽕을 넣었다. 아빠는 어디 가서 자식 얘기가 나오면 셋째 딸 이야기로 우쭐해하셨다. 덕분에 미운 오리 새끼가 아니라 '공부 잘하는 착한 딸'로 부모님 사랑을 받았다. 공부를 잘하니까 착하지 않아도 '착한 딸'이라는 칭찬이 사은품처럼 1+1로 따라왔다. 그때부터 뭐든 잘해야 하는구나, 잘하는 게 많을수록 사랑받는구나 싶었다. 이후론 뭐든 잘하려고 욕심 부렸고, 욕심은 장마철 개울물처럼 순식간에 불어났다. 행복의 기준은 다른 사람의 관심과 인정으로만 정산되었다.

욕심이었다. 모든 걸 잘하는 사람은 존재하지 않는다. 타인의 인정이 내 행복의 기준이 될 수 없었다. 가족의 사랑이 최우선이 아니었다. 희생으로 사랑을 교환하는 것도 잘못된 생각이었다. 나는 이대로도 충분히 사랑받을 자격이 있었지만 정작 나 자신을 사랑하지 않고 늘 외면했다. 내 욕심에 눈이 멀어 외롭고 힘겨운 나를 제대로 바라보지도 인정하지도 안아주지도 않았다. 지금부터라도 날 사랑하는 데 온 힘을 쏟기로 했다. 나부터 잘살아야 했다. 진작 그랬어야 했다.

누구에 의한 삶도, 누구를 위한 삶도 아닌 오로지 나를 위한 삶을 살겠다고 다짐했다.

04

충분히 사랑스러웠다

나를 사랑하기로 했다. 건강 검진을 받았고 다행히 큰 이상은 없었지만 뭔가 부족했다. 더 확실하게 나를 챙겨야겠다고 생각했다.

'그래! 나 좀 예뻐져야겠어!'

당장 미용실을 예약했다. 머리를 세련되게 잘라볼까 고민했지만 관리가 고민이었다. 가장 잘 어울릴 것 같은 스타일을 추천해달라고 했고 원장님은 웨이브가 들어간 매직 세팅을 권해주셨다. 단백질이 다 빠져나가 끝이 끊어지고 푸석푸석했던 머릿결이 부드럽게 찰랑거렸다. 마음도 부드럽게 찰랑거리기 시작했다.

다음으로 네일숍에 갔다. 잔주름 많고 쪼글쪼글해진 손은 언제나 부끄러웠다. 사람들은 하나 같이 내 손을 보고는 "너 고생 많이 했구나?" 했다. 사실 손에 물 한번 안 묻히고 살았을 때부터 내 손은 못생겼었는데, 갱년기를 겪으며 손가락 살이 다 빠지며 쪼글쪼글 주름이 늘고, 건조해졌다. 여든 살 먹은 할머니 손 같았다. 네일숍 원장님은 빨간색 하트를 손톱에 그려주었다. 끝으로 영양 크림 마사지를 받고 나니 '내 손도 꽤 예쁘구나!' 싶었다. 아이들 키울 땐 손에 물 마를 날이 없었고, 음식을 하는 손이라 크림을 바를 생각도 못 했다. 코로나 여파로 하루 종일 손 소독에, 손 씻기를 했으니 엉망일 수밖에 없었을 거다. 그렇게 천대받던 손이 관리 받고 나니 딴 사람 손 같이 보였다. 딴사람이 되고 싶었다.

손 관리를 받고 한결 밝아진 내게 원장님은 인조 속눈썹을 권해주셨다. 마스크 때문에 화장이 불필요해졌지만, 눈에 포인트를 주면 눈매가 더 또렷하고 선명해 보일 거라 하셨다. 고민도 잠깐 그길로 하얀 침대에 누웠다. 1시간 뒤 거짓말 조금 보태서 20대 여대생이 되어있었다. 속눈썹 하나만 붙였을 뿐인데 뭔가 확실히 얼굴이 선명해 보이고 생기가 도는 것 같았다. 거울 속 나는 환하게 웃고 있었다. 시간이 거꾸로 흐른 느낌이었다. 친구를 만나 백설 공주가 된 내 속눈썹을 보여주었다. 친구는 연신 잘했다고 칭찬하며 팔짱을 끼고 무작정 다음 목적지로 이끌었다. 비싼 아이크림, 영양 크림 떡칠하는 것보다 2만 원짜리 주사 한 방이 가성비 갑이라며 도착한 곳은 성형외과였다. 얼굴에 주사를 놓는 게 무섭기도 하고 부작용 걱정에 겁이 나서 못 했던 시술이었지만 용기 내서 받아보기로 했다.

"예뻐지는 데는 고통이 따르는 거다. 세상에 공짜로 얻어지는 게 어디 있냐? 1분만 참으면 6개월이 행복한데."

친구는 내 손을 꼭 잡고 눈을 깜박거렸다. 이마와 미간 보톡스는 말 그대로 '가성비 갑'이었다. 주름졌던 이마와 미간이 팽팽하게 펴지고 광이 났다. 이참에 프락셀까지 받고 나니 기미와 잡티들이 조금씩 옅어지기 시작했다. 그날 성형외과에서 긁은 카드값은 고3 때 딸아이의 한 달 치 과외비만큼이었다. 딸 과외비는 매달 당연한 듯 결제했는데, 나를 위한 성형외과 비용은 이리저리 가장 싼 곳 알아보고, 무이자 할부까지 참 많은 고민이 필요했다.

다음으로는 바로 쇼핑이었다. 아웃렛으로 차를 몰았다. '귀여운 여인'의 줄리아 로버츠처럼 백화점을 돌아다니며 신상 옷과 신발을 사고 싶었지만, 아줌마 근성은 나를 아웃렛의 이월상품 코너로 향하게 했다. 귀여운 원피스를 하나 사 입고, '좋은 신발은 좋은 곳으로 데려다준다.'라는 말을 떠올리며, 기획 상품 전시대로 갔다. 허리랑 발목이 아파서 신지 못했던 높은 구두를 눈 딱 감고 질러버렸다.

신데렐라처럼 40대 푸석한 아줌마가 30대 우아하고 예쁜 언니로 변신했다. 물론 남들 눈에는 똑같이 40대 아줌마로 보이겠지만 뭣이 중하냐 싶었다. 남들 눈은 이제 생각하지 않겠다고 다짐했다. 스무 살처럼 설렜다.

'나도 충분히 사랑스럽구나!'

그렇게 늙어버렸다고 생각한 나를 젊게 변화시키려 노력했다. 얼굴이 예뻐지니 마음도 예뻐진 것 같았다. 하지만 겉모습이 바뀌어도 내 맘의 허전함은 여전히 떨쳐버릴 수 없었다. 내려놓자고 다짐하면서도 내 안의 욕심은 여전히 나를 지배했다. 쉬운 게 하나 없었다.

05

나도 너처럼 살아볼래

예뻐진 모습에 위로받는 것도 잠시, 여전히 채워지지 않는 공허함과 삶의 우울은 짙은 안개처럼 내 주위를 둘러싸고 있었다. 만사가 귀찮고 짜증이 났다.

'왜 맨날 나만 참고 살아야 해? 누가 건들기만 해봐라. 이제는 안 참아!'

옛날 같으면 다 넘겼을 상황이지만 싸움닭이 되어 눈을 부릅뜨고 있었다.

"엄마, 요즘 왜 이래? 자꾸 화내고 짜증 내고 엄마 같지 않아. 그러지 말고 엄마도 상담 한 번 받아보는 거 어때? 나 사춘기 때 엄마가 나 데리고 다녔잖아. 엄마도 상담 받으면 맘이 좀 편해질 텐데."

처음엔 무슨 상담이냐고 생각했다. 아이들 문제로 부모 상담을 받아본 적은 있지만 정작 날 위한 상담은 한 번도 받은 적이 없었다. 고민 끝에 아들을 상담해주셨던 선생님께 전화를 드렸다.

"선생님, 제가 상담을 좀 받고 싶은데, 언제 시간이 가능하세요?"

상담 시간을 잡고 센터를 찾았다. 선생님은 따뜻한 미소로 나를 맞아주셨다. 선생님은 당연히 아들 문제라 생각하셨나 보다.

"어머니, 잘 지내셨죠? 요즘 아들한테 무슨 문제가 있나요?"

"실은 아들이 아니라 제 문제로 왔어요. 요즘 제가 너무 짜증이 나고, 우울증이 심해요."

선생님께 지금까지의 상황을 얘기하는데 애처럼 눈물이 났다.

"몸이 이유 없이 자꾸 아프니까 억울한 생각만 들고, 삶에 의욕이 없어요. 저 어쩌죠?"

눈물 콧물 섞인 내 얘기를 다 들으신 선생님은 말씀하셨다.

"어머니, 그동안 고생 많으셨죠? 이제 아무 생각하지 마시고, 스무 살 소녀가 된 것처럼 어머니 자신에게만 집중해보세요! 다시 스무 살로 돌아간다면 하고 싶은 일들을 지금부터 시작해 보시면 어떨까요?"

순간 대학생인 딸아이가 하는 일들이 머릿속에 떠올랐다. 꿈을 위해 교환 학생을 준비하고, 혼자 여행도 다니고, 스무 살의 자기 모습을 기억하고 싶어 프로필 사진도 찍었다. 힘들게 아르바이트해서 번 돈으로 좋아하는 뮤지컬 공연을 보러 가고, 친구들과 인문학 독서 토론을 하는 딸이었다.

그런 딸을 보며 입버릇처럼 "엄마도 너처럼 살고 싶어. 돈 걱정, 자식 걱정, 집안 걱정 아무 걱정 없이 하고 싶은 일을 도전하는 너처럼 살고 싶어."라고 노래 불렀던 내가 떠올랐다.

습관처럼 늘 포기하며 양보하고 살았다. 그런 삶이 싫어서 내 자식만큼은 먹고 싶은 거, 하고 싶은 거 다 하게 해주리라 다짐했었다. 선생님과의 상담 끝에 잊고 살았던 스무 살 적 꿈이 생각났다. 마냥 행복하게 캠퍼스를 누비던 나로 돌아가 내 꿈을 위한 삶, 나를 위한 삶을 살아보고 싶어졌다.

선생님 본인은 자주 템플 스테이를 가는데 마음이 그렇게 편할 수가 없다며 내게 하룻밤 절에서 묵고 오라고 권해주셨다. 3,000배를 회향하고 '진성향'이란 불명까지 받은 불자이기에 '템플 스테이'가 맘에 와닿았다. 상담을 마치고 나오는데 배가 고팠다. 눈물 콧물 다 쏟아 낸 몸이 허기져서인지, 아니면 내 맘속에서 숨겨두었던 꿈이 싹을 틔우기 위해 마음의 양분이 필요해서인지 모르겠다.

지금껏 나는 스트레스를 받거나 고민이 생기면 친구에게 하소연하기도 하지만 서점으로 달려갔다. '책 속에 길이 있다'라는 말을 좋아하기 때문이다. 표현할 수 없는 내 맘과 말 못 할 고민이 생겼을 때 나는 항상 도서관이나 서점에서 답을 찾았다. 아이들을 키울 때는 육아 서적이, 맘이 힘들 때는 법륜스님과 혜민 스님의 책들이, 에너지가 필요할 때는 '오프라 윈프리'와 김미경의 자기 계발 서적들이 날 위로하고 용기를 주었다. '모든 답은 내 안에 있다.'라고 말하지만, 내 맘을 내가 모를 때가 더 많았다.

처음으로 날 위해 상담 센터를 찾았고 내 맘을 따뜻하게 위로받았다. 힘들었던 마음이 상담 선생님께 모든 걸 쏟아내고 나니 마음이 한결 가볍고 기분이 좋아졌다. 갱년기를 보내는 대부분 여성은 심한 우울증을 겪는다. 삶이 공허하게 느껴지고, 억울하고, 짜증이 나고. 그럴 땐 전문가의 상담이 필요하다.

아이의 육아 상담, 교육 상담, 사춘기 상담은 안 빠지고 잘 다니면서 막상 내 맘속의 상처는 어루만져주지 못했다. 이제라도 가끔은 내 마음의 상처를 치료해주고 싶다. 상담을 통해 아무에게도 말하지 못했던 속 이야기를 맘껏 쏟아내고, 전문가의 도움을 받는 것도 필요하다는 생각이 들었다. 상담은 그동안의 답답함을 시원하게 해소해주었다. 상담 선생님이 하신 말 중에 기억에 남는 말이 있다.

"어머니, 콩나물에 물을 주면 물이 금방 밑으로 쑥 빠져나가지만, 콩나

물은 자라죠? 그것처럼 어머니도 어머니 자신을 위해 꾸준히 노력하시면 분명 성장하고 좋아지실 거예요. 힘내세요! 응원합니다!”

06

힐러리가 되기로 했다

학부모가 되었다. 딸아이가 초등학교에 들어가니 학교생활은 잘하는지, 급식은 잘 먹는지 걱정되는 마음에 일주일에 한 번씩 학교 도서관 사서 업무를 도와주는 사서 도우미를 하겠다고 지원했다. 사서 도우미를 하면 틈틈이 아이 수업하는 모습을 훔쳐볼 수도 있고, 점심시간이면 학교 급식도 먹어볼 수도 있었다.

점심시간이면 아이가 도서관에 와 책 읽는 모습을 볼 수 있었고, 아이의

학교생활이나 교우 관계까지 알 수 있는 일거양득의 봉사 활동이었다. 무엇보다 독서를 할 수 있고 책을 마음껏 빌려볼 수 있는 혜택도 주어졌다.

그날도 책을 정리하다 문득 내 눈에 뜨인 책이 있었다. 『여자라면 힐러리처럼』이라는 책이었는데 내가 좋아하는 이지성 작가의 책이기도 했고, 책 상단에 카리스마가 넘치는 힐러리의 사진은 나의 시선을 사로잡기에 충분했다. 책 첫 장부터 충격적이었다.

미국 클린턴 대통령 부부가 차를 타고 가다가 기름이 떨어져서 주유소에 들르게 되었다. 그런데 우연하게도 주유소 사장이 힐러리의 옛 남자 친구였다. 돌아오는 길에 클린턴이 물었다.

"만일 당신이 저 남자와 결혼했으면 지금 주유소 사장의 부인이 돼 있겠지?"

힐러리가 바로 되받아쳤다.

"아니, 저 남자가 미국 대통령이 되어 있을 거야."

책을 정리하던 손을 멈추고, 순식간에 책에 빠져들어 읽기 시작했다. 심장은 마구 뛰었고, 말로 표현할 수 없었던 그때의 설렘과 흥분을 아직도 생생히 기억한다. 책을 읽고 난 후 나의 첫마디는 '내가 스무 살에 이 책을 읽었다면 내 인생이 달라졌을 텐데….'였다. 자신의 꿈을 위해 완벽한 매뉴얼을 짜고, 열정적으로 나아가는 힐러리의 강한 자신감은 참으로 매력적이었다. 딸아이에게 이 책을 읽히고 싶었다. 지금의 내 삶을 후회해서가 아니라, 딸아이는 힐러리처럼 멋지고 자신감 있게 커가길 바랐기 때문이었다. 다행히 어린이 아동 도서에도 이 책을 아이들 눈높이에 맞춰 재구성한 책이 있었다. 그때부터 나와 딸아이의 마음속 롤 모델은 힐러리가 되었다.

이후로 나는 힐러리가 되기로 했다. 힐러리처럼 강한 자신감과 섹시한 뇌를 가지고 싶어서이기도 하고, 에베레스트산을 처음 정복한 힐러리 에드먼스 레이먼처럼 내 인생의 산을 정복하고 싶어서이기도 했다. 나의 꿈과 내가 하고 싶었던 모든 일을 딸아이에게 투영시켰다. 다행히 딸아이는 나와 같은 마음이었고 그런 딸아이를 통해 내 인생을 보상받는 듯 대리 만족하며 살았다. 내 이름이 아닌 '전교 1등 다연이 엄마'로….

힐러리가 롤 모델이었던 딸아이는 몸도 맘도 건강하게 리틀 힐러리로 잘 성장했다. 누구보다 자기 꿈을 위해 열정적이고, 사회적 약자들과 소외된 계층의 행복을 위해 봉사하는 삶을 살고 싶어 했다. 자신의 꿈을 위해 하나씩 성취해나가는 딸아이를 보며 나는 습관처럼 말했다.

"엄마도 너처럼 살고 싶어. 남 걱정 안 하고 내가 하고 싶은 일 하면서 자유롭게 꿈꾸며 살고 싶어."

그러자 딸아이는 말했다.

"그렇게 살면 되지! 아직 안 늦었어. 엄마도 이제부터 엄마 하고 싶은 거, 엄마가 행복한 거 하면서, 엄마 인생을 사세요! 엄마가 행복해야 우리가 행복해. 공지영이 그랬잖아. '네가 어떤 삶을 살든 나는 너를 응원할 것이다' 엄마가 내게 보내줬던 무한 응원처럼 엄마가 어떤 삶을 살더라도 나는 엄마를 응원해!"

갱년기를 겪으며 가장 공허하고 우울했던 이유가 어쩜 나 자신을 위한 삶보다 가족을 위한 삶을 살았기 때문이란 생각이 들었다. '누구의 아내, 누구의 엄마'로 대리 만족하며 그것이 나의 꿈과 삶의 전부인 양 생각하며 살았다.

상담 선생님이 나에게 제시한 솔루션은 '내가 스무 살이 된다면 하고 싶었던 일들을 해보세요.'이다. 그래서 해보려 한다. 스무 살처럼 다시 꿈을 꾸고, 하고 싶은 일을 하며 살 것이다. 인생의 전반은 가족을 위해 최선을 다하며 살았지만, 인생 후반은 나 자신을 위한 삶을 살 것이다. 딸아이를 보며 더 이상 대리 만족하지 않기로 했다. '엄마도 너처럼 살고 싶어'가 아니라 '나도 엄마처럼 살고 싶어.'라고 말할 수 있는 삶을 살 것이다. 생각을 바꾸니 어렵다고만 생각됐던 갱년기가 오히려 삶에 전환점이 되어주는 것 같았다.

07

너무 애쓸 것 없답니다

상담 선생님의 추천대로 혼자만의 템플 스테이를 걱정 반 설렘 반의 마음으로 시도해보기로 했다. 겁 많은 나에게 템플 스테이는 나를 찾아 떠나는 여행으로 최적이었다. 스님들이 수행하시는 곳이니 조용하고, 공기도 좋다. 같이 템플 스테이 하시는 분들이 계시니 외롭지도 위험하지도 않다. 108배 참회 기도와 명상을 할 수 있어 무엇보다 나에게 집중할 수 있는 시간을 가질 수 있다. 40년을 넘게 살면서 1박 2일 혼자만의 여행을 가본 적이 없다니…. 나도 참 겁이 많은 사람이었다.

혼자만의 여행은 두렵다. 왜냐면 한 번도 시도해본 적 없기도 했거니와 어릴 적 트라우마 때문에 나는 겁이 참 많았기 때문이다. 우리 집은 가난했고, 특히 엄마가 나를 임신했을 때가 살림이 가장 어려웠다고 한다. 밥 대신 시래기죽을 먹는 날이 많았고 온종일 일만 하셨다고 한다. 언니 둘을 낳고 또 딸인 내가 태어나자 친할머니는 미역국도 끓여주지 않고 집을 나가셨다. 엄마 혼자서 얼마나 서럽고 힘들었을까…. 엄마는 나를 가졌을 때 하도 못 먹어서 유독 내 피부가 안 좋고, 눈치를 많이 보고 울어서 내가 눈물도 겁도 많다고 하셨다.

태어나자마자 홍역을 앓았다. 병원에서는 애가 살 가망이 없으니 집으로 데려가라고 했다. 솔직히 그때 심정으로 엄마는 내가 '죽었으면 했다.'라고 하셨다. 어린 나이에 사는 게 지친 엄마는 나를 포기하고 싶었다고 했다. 포기한 나를 방에 두고, 일하러 갔다 돌아오니 할머니가 암죽을 먹여가며 날 보살피고 계셨다고 했다.

자라는 내내 병치레를 달고 살았다, 부모님께선 너무 말라서 사람 구실은 할 수 있을까 하시며 걱정하셨다. 학교에 들어가기 전까지 할머니를 따라 이곳저곳 유랑 생활을 했다. 술을 워낙 좋아하셨던 할머니가 술에 취해 길거리에 쓰러져 잠이라도 자는 날이면 그 옆에 앉아 하염없이 울며 무서워했다. 날 보살펴준 할머니가 혹시 돌아가시기라도 할까 봐 두렵고, 어린 마음에 깜깜한 밤은 늘 무서웠다. 그때부터였을까 유독 겁이 많고, 혼자 무엇인가를 하는 것이 무서웠다. 그런 내가 처음으로 혼자만의 여행을 가려 한다.

성주사로 가는 길목엔 단풍이 너무나 예쁘게 물들어 있었다. 떨어지는 낙엽이 쓸쓸해 보이면서도 울긋불긋 너무도 아름다웠다. 절에 도착해서 템플 스테이를 진행하시는 보살님께 옷을 받아들고 머무를 방을 안내 받았다. 불행인지 다행인지 오늘 나와 같은 방을 쓰기로 한 여성분이 코로나 검사를 받게 되어 혼자 방을 써야 한다고 하셨다.

내가 묵을 방의 이름은 지혜의 방이었다. 황토로 지어진 방은 옆으로 나란히 4개가 붙어 있었다. 밤이면 불 꺼질 이 산속에서 혼자 밤을 보내야 한다. 화장실이 방 밖에 있는데 어떡하지? 이런저런 걱정이 앞섰다. 템플 스테이에 참석한 사람들은 고등학교 1학년 여학생 3명, 아빠와 초등 3학년 딸, 대학생 커플, 그리고 혼자 오신 노신사 분으로 총 9명이었다. 우린 절을 돌아다니며 사찰의 역사와 사찰 예절에 대한 교육을 받았

고 저녁 공양 시간이 되었다. 큰 접시에 담긴 나물 여섯 가지 종류와 뭇국, 바나나로 소박하지만 건강한 절밥이었다. 남김없이 깨끗이 비우고 먹은 그릇의 설거지까지 마쳤다.

오랜 역사가 있는 성주사는 고요하고 웅장하며 공기도 좋았다. 템플 스테이 휴식 형은 저녁 예불, 새벽 예불을 선택 하에 참석하고 나머지 시간에는 휴식이나 명상을 통해 자기만의 시간을 가지면 된다.

아빠와 함께 온 초등학교 3학년 여자아이는 절밥을 맛있게 먹고, 저녁 예불에서 함께 108배를 했다. 작고 예쁜 아이가 무슨 사연이 있기에 저렇게 간절히 기도할까 하고 궁금했다. 예불을 마치고 템플 스테이 진행을 하시는 보살님은 몇 가지 주의 사항을 한 번 더 얘기하신 후 숙소로 가셨다.

해 질 녘 성주사의 단풍은 더없이 아름다웠다. 절 주위를 산책하며 혼자 사색의 시간을 가졌다. 해가 지자 절의 연등불이 일제히 켜졌다. 깜깜한 어둠 속에서 은은하게 빛을 내주는 연등과 달빛에 누군가가 한없이 그리워지는 밤이었다. 얼음장처럼 차가운 손을 호호 불며 숙소로 돌아왔다. 이불이 깔린 아랫목은 시골 할머니 집처럼 따뜻하고 포근했다.

산사의 밤은 방문을 열면 들리는 계곡물 흐르는 소리와 벌레 소리뿐 조용하고 엄숙했다. 화장실을 다녀온 후 방에 들어와 문을 잠갔다. 이제 오롯이 혼자다. 나름 절에 왔으니 명상을 해야 할 것 같아 가부좌를 틀고 앉았다. 세상은 아무도 살지 않는 것처럼 조용했다. 미국 드라마 〈600만 불의 사나이〉에 나오는 소머즈의 귀를 가진 것처럼 벌레 기어 다니는 소리까지 놓치지 않을 것 같은 고요한 밤이었다.

따뜻한 황토방 안에는 이불이랑 베게, 불교 경전과 서적이 몇 개 놓여 있었다. 이 순간만큼은 휴대전화기와 멀리 있고 싶어 전원을 끄고 가만히 눈을 감았다. 긴장감에 쌓였던 몸이 황토방의 따뜻한 기운에 사르르 녹아내리기 시작했다. 잠자리가 바뀌면 절대 잠을 자지 못하던 나였지만, 한순간 스르르 잠이 들었다.

눈을 뜬 건 새벽 2시쯤이었다. 화장실을 가야 하는데 겁이 났다. 문을 열고 밖으로 나가야만 했다. 산사의 새벽은 추웠고, 칠흑같이 깜깜했다. 부처님이 지켜주시겠지 하고 생각하고 '관세음보살 관세음보살'을 속으로 외치며 빛의 속도로 화장실을 다녀왔다. 화장실 간다고 찬바람을 쐬고 왔더니 잠이 달아나버렸다. 따뜻한 황토벽에 기대어 조용히 눈을 감았다. 지나온 날들이 주마등처럼 스쳐 지나갔다.

시간이 얼마나 흘렀을까? 적막 속 내 눈꺼풀 깜빡이는 소리까지 들릴

지경이었다. 문득 작은 책상 위에 놓인 템플 스테이 안내서가 눈에 들어왔다.

'나를 제일 힘들게 하는 감정은 두 가지가 있습니다. 바로 분노와 걱정입니다. 아마도 어떤 생각이 일어나면 나도 모르게 어떤 대상과 비교하게 되고, 차츰 불만족스러운 상황으로 자신을 내몰곤 하죠. 우리가 할 수 있는 일은 그 감정을 없애려고 애쓰는 것이 아니라 그저 그런 줄 알고 가만히 바라보는 것입니다.'

문득 부처님이 내게 주신 깨달음이 이거구나 싶어 마음이 뜨거워졌다. 너무 애쓰지 않고 가만히 쉬어가면 되는 거였다. 상담 선생님께서 나를 찾아가는 첫 시작으로 왜 템플 스테이를 권해주셨는지 알 것 같았다. 진정한 내 모습으로 내가 원하는 삶이 무엇인지 곰곰이 내게 물었다.

가만히 창문 너머 소리에 귀를 기울였다. 혼자 보내는 밤이 좋았다. 내 마음은 잔잔한 호수처럼 평온했다. 3시 30분쯤 새벽 예불을 알리는 스님의 목탁 소리가 들려왔다. 간단히 세수하고, 무인함의 쌀을 사 들고 법당으로 향했다.

새벽 4시, 법당 안에는 사람들로 가득 차 있었다. 나이 많으신 보살님들과 고3 수험생 자녀를 둔 보살님들이 기도하고 계셨다. 나는 부처님 전에 쌀을 올리고 조용히 스님의 예불에 따라 기도했다. 108배를 끝으로 새벽 예불을 마치고 나오는데 마음이 잔잔한 호수 같았다. 아침 공양을 마치고 방에 들어와 짐을 꾸렸다. 피날레는 불모산 숲길 산책 '걷기 명상'이었다.

'너무 애쓸 것 없답니다. 어슬렁어슬렁 걸음으로 이 순간 있는 그대로를 즐깁니다.'

걷기 명상의 이 문구가 맘에 들었다. 부처님께서 '괜찮다. 괜찮다. 너무 애쓰지 말고 살아라.' 하시는 것 같았다. 혼자 물소리 새소리를 따라 숲길을 하염없이 걸었다. 혼자만의 여행이 아닌, 내 안의 나를 만나는 여행이었다. 다시 시작할 수 있을 것 같았다. 거울 속의 내 모습이 하룻밤 사이 몰라보게 예뻐져 있었다.

HAPPY WOMEN'S DAY

2장

언니, 갱년기 얘기 좀 해줘요

01

그렇게 이유 없이 짜증이 나더라고

수다는 여자를 행복하게 만든다. 40대 후반 여자들에게 소소한 행복이 뭐냐고 묻는다면 뭐니 뭐니 해도 편한 친구와의 수다라고 답할 것이다. 11시 30분경 식당 오픈 시간에 맞춰 친구와 맛집으로 향한다.

맛있게 아점을 먹고 분위기 좋은 커피숍으로 이동한다. 재빨리 전망 좋은 자리를 차지하고 아메리카노와 갓 구운 빵을 주문한다. 커피가 나오기도 전에 여자들의 달콤한 수다는 이미 시작되었다.

20년 넘게 수학을 가르치고 있는 지수 언니를 만났다. 같은 일을 하고 있고, 딸 하나를 둔 엄마라는 점에서 우린 통하는 게 참 많았다. 코로나로 학원을 접게 되었고, 그 덕에 생에 첫 휴가 기간을 가지고 있던 언니에게 월요일 아침부터 전화가 왔다.

"금서야, 맛집이랑 정말 분위기 좋은 커피숍 발견했는데 시간 되면 점심이나 할까?"

"너무 좋죠. 언니! 아싸!"

월요일 아침부터 소소한 행복이 시작되었다. 양념 장어를 배부르게 먹고, 언니가 발견했다는 전망 좋은 커피숍으로 향했다. 내비게이션 없이는 찾아갈 수도 없는 고개 너머에 있는 커피숍은 전체가 통유리로 되어 있어 코발트블루의 바다를 만날 수 있었다.

바닷속이란 착각이 들 만큼 평온했다. 월요일이라 사람도 없었고, 푹신한 침대형 소파는 우리에게 소소한 행복을 만들어 주기에 더할 나위 없이 좋았다. 아무리 배가 불러도 식후 아메리카노 한 잔과 달콤한 케이크는 포기할 수 없다. 늘 우리에겐 밥 배 따로, 빵 배가 따로 있다.

온통 파란 세상에 둘러싸여 그동안 못다 한 수다를 시작했다. 커피숍 분위기에 취해서였을까 언니에게 위로받고 싶어서였을까 입이 저절로 열렸다.

"언니 저…. 생각지도 못한 이른 폐경 때문에 너무 힘들었어요. 창피하다는 생각에 아무한테도 말도 못 하고 정말. 벙어리 냉가슴을 앓는다는 말이 뭔지 알겠더라고요."

내 이야기를 가만히 듣고 있던 언니의 눈빛이 흔들리더니 커피를 한 모금 마시고는 언니의 이야기가 시작됐다.

"금서야, 솔직히 나도 요즘 갱년기 때문에 너무 힘들어…. 아침저녁으로 조울증 환자처럼 기분이 오락가락하고, 아이들이나 남편의 모든 행동에 이유 없이 짜증이 나."

언니의 일상은 대충 이랬다. 하루가 시작되면 어김없이 친구와 약속을 잡는다. 친구를 만나 4시간이고 5시간이고 하염없이 걷다, 밥을 먹고 커피를 마시고는 저녁이 다 되어서야 집에 돌아간다고 했다. 무기력함을 달랠 길 없어 하루는 무작정 기차를 타고 북촌역에 가서 코스모스를 보고 왔다고 한다. 어떤 날은 비음산 둘레 길을 하염없이 걷다가, 또 어떤 날은 차를 두고 2시간 남짓의 거리에 있는 친구 집을 걸어서 다녀왔다고 했다. 집에 있으면 갑갑해서 견딜 수가 없었다는 언니 말에 나도 고개를 위아래로 끄덕이기를 무한 반복하게 되었다. 갑갑한 마음은 밤낮을 가리지 않는다. 밤이 되면 불면증으로 인해 잠을 잘 수가 없어 해 뜨기를 기다리는 날이 허다했다. 몸을 피곤하게 하면 밤에는 숙면을 취할 수 있지 않을까 해서 걷기를 시작했다는 언니였다. 오랜만에 만난 언니가 살이 빠져서 다이어트를 했구나 했는데 그게 아니었다. 갱년기로 빼앗긴 일상과 행복을 되찾기 위해 몸부림치고 있었던 거다. 살이 쏙 빠진 언니의 몸은 마치 그녀의 처절한 시간을 고스란히 보여주는 듯했다.

언니 역시 폐경과 갱년기를 다른 사람에게 얘기할 수 없었다고 했다. 폐경 후 자궁에 혹이 생기더니 몸도 붓고 온몸이 아파 힘든 시간을 보냈다고 했다. 언니가 학원을 접은 이유는 코로나 때문도 있지만, 갱년기로 인해 몸도 마음도 너무 아파서였다. 아이들은 다 커서 대학을 가고, 남편은 일 때문에 밖으로만 돌고, 저녁이 돼서 텅 빈 집에 혼자 있으면 하염없이 눈물이 나고 짜증이 난다고 했다. '나 힘들어요. 누가 나 좀 도와줘요!'라고 막 소리를 지르고 싶다가도 '내가 벌써 갱년기라니? 나 여자로서 끝났다고?' 받아들이고 싶지 않았고 남이 아는 건 더 자존심이 상했다고 했다. 그렇게 우린 서로의 맘속 깊숙이 박혀 있던 마음의 돌덩이를 꺼내 푸른 바닷속으로 모두 던져버렸다.

말로는 다 표현할 수 없는 이 웃픈 감정을 가지고 돌아오는 길 하염없이 눈물이 났다. 폐경을 겪는다는 것만으로도 정신적으로 지친다. 호르몬의 변화 때문에 온몸이 아프고, 감정의 기복이 심해져 자살하는 사람들도 있다고 했다. 하지만 나를 가장 힘들게 했던 건 '내 나이에 벌써 갱년기라고 하면 사람들은 나를 어떻게 볼까?'였다. 이른 나이의 폐경이 나에게 여자로서 매력을 뺏어갈까 봐 겁이 나 숨기고 싶었다. 지금 와서 느끼는 거지만 참 바보 같고 어리석은 생각이었다.

폐경은 절대 부끄러운 것이 아니다. 더 이상 필요하지 않은 호르몬이 줄어드는 지극히 자연스러운 과정이었다. 그리고 '갱년기'는 그 과정에서 몸이 새로운 변화에 적응해가는 기간이다. 모든 변화와 적응에는 고통이 따르는 법이다. 나를 괴롭히던 갱년기 증상은 그만큼 내 몸이 열심히 적응 중이라는 신호다.

폐경 이후 더는 여자가 아니라는 걱정은 버리자. 오히려 내 몸의 아우성에 더 귀를 기울이고, 어떻게 하면 더 건강하게 이 시기를 보낼 수 있을지를 고민해야 한다. 이 시기에 잘 적응하지 못하면 노년의 건강에 직접적인 영향이 간다고 한다. 그러니 우리는 미리 준비하고 공부해서 누구보다 이 시기를 잘 극복해야만 한다. 새싹이 더운 여름을 잘 이겨내고 꽃이 져야만 열매를 맺을 수 있는 것처럼, 여자로서 30년 동안 열심히 꽃을 피웠으니 이제 진정한 인간으로 열매를 맺기 위해 꽃이 잘 져야만 하는 시기다. 갱년기는 100세 인생의 전반기를 마치고 후반기를 준비하는 시기로 내 마음을 살피고, 내 몸을 챙기며 인생 제2의 꿈을 향해 준비하면 된다.

Love My Self

럽마셀 오늘의 리셋 팁

갱년기 조울증, 어떻게 대처해야 할까요?

갱년기는 호르몬의 변화로 인해 감정 기복이 심해지고, 정서적으로 매우 불안정해지는 시기다. 이때는 주위의 가족과 친구들에게 도움을 요청해야 한다. 가족, 형제자매나, 친구에게 마음을 털어놓고 많은 대화를 나누는 것이 좋다. 특히 분위기 좋은 곳, 전망 좋은 커피숍을 찾아 맘껏 수다를 떨고, 햇살 좋은 날 둘레 길을 산책하며 몸과 마음에 세로토닌을 가득 만들어 주어야 한다. 자신이 현재 이런 상태라는 것을 주변인에게 솔직히 털어놓고, 이해와 공감을 요구하는 것은 자신뿐만이 아니라 모두를 위한 길임을 잊지 말자.

02

온몸의 뼈마디가 쑤셔

아침이 되면 피노키오가 내 침대에 누워 있다. 녀석의 눈은 캄캄하고 뻑뻑한 눈은 쉽게 떠지지 않는다. 머리맡에 놓아둔 인공 눈물을 넣어야만 눈이 떠진다. 몸이 움직이질 않는다. 손가락 마디마디가 뻣뻣하고 주먹이 쥐어지지 않는다. 갓난아기 잼잼 하듯 주먹을 쥐었다 폈다 해본다. 목을 좌우로 돌려도 본다. '두두득' 소리가 난다. 누워서 오른쪽 다리를 왼쪽으로 올려 허리를 튼다. 두꺼운 겨울 이불을 돌려 짜듯 허리를 중심으로 온몸을 비틀어본다. 다리를 올렸다 내릴 때마다 허리에서 '뚜둑' 소리가 난다. 마지막으로 발목을 돌리고, 발끝을 당겼다 풀었다 한다. 나는 매일 아침 피노키오였다. 내 몸이 목각으로 되어 있는 것처럼 팔과 다리가 굳어있다. 제대로 움직이려면 한참을 삐걱거려야 한다. 아침에 아무 생각 없이 벌떡 일어나 움직이기라도 하는 날은 허리나 등에 담이 온다. 담이 오면 진통제를 먹거나, 일주일 이상 물리치료를 받아야 한다. '아침에 일어나면 다들 그런 거 아니야?' 한다면 필히 근골격계 관절에 신경 써야 한다.

폐경을 진단받을 때 의사 선생님께서 이렇게 말씀하셨다.

"폐경이 오면 골밀도가 약해져 골다공증을 조심해야 합니다. 멸치 많이 드시고, 햇볕을 쐬며 걷기 운동 많이 하세요."

근골격이나 관절이 약하게 타고나 그럴 수 있다고 생각하겠지만 꼭 그렇지도 않다. 초중고 때 모두 체육대회에서 달리기 선수였고 대학교 때는 철인 장애물 달리기 선수까지 했다. 아이 둘을 키울 때는 동에 번쩍 서에 번쩍해서 '윤길동'이라는 별명이 붙을 만큼 학교, 도서관, 시장을 하루에도 몇 번씩 왔다 갔다 했다. 그뿐인가. 5년 전만 해도 전국의 유명한 산을 매달 오르기도 했고 한라산도 올랐다. 그런 내가 폐경을 겪으면서 몸이 무거워지고, 만사가 무기력해졌다. 힘든 운동은 하고 싶지 않고, 조금만 무리를 해도 온몸이 아파 밤새 끙끙 앓아야 했다. 아침에 일어나면 통나무가 되어 있었고 뼈 마디마디의 쑤시는 통증들은 이루 말할 수 없는 좌절감을 주었다. 40대지만 60대 어르신이 된 듯했다. 오히려 60이 넘은 어르신들은 '야~ 야~ 야~ 내 나이가 어때서? 사랑하기 딱 좋은 나인데.'라고 노래 부르시는데 나는 내 나이가 몇이나 되었다고 뼈마디가 쑤시고 허리에 담이 걸려 아프다고 하소연하기 바빴다. 갱년기 통증은 병원에 가도 특별한 처방을 주지 않는다. 아프다고 하면 근육 이완제를 놔주던지, 진통제 처방이나 물리 치료가 다였다.

물론 걷기나 필라테스가 좋다는 건 알고 있지만, 몸이 아프니까 만사가 다 귀찮아졌다. 평생교육원 수업에 가면 내 별명은 '40대 할머니'다. 다들 나보다 나이가 훨씬 많으신데도 신체 나이는 20대 같다. 수업에 가면 우스갯소리로 "40대 할머니 요즘은 어디 아픈 곳 없는가?" 걱정 어린 말투로 장난을 치시는데 아무 말도 할 수 없었다.

통증을 호소하는 나에게 친구는 모티 피지오(Moti Physio) 검사를 해보자고 했다. 모티 피지오는 3D 골격의 기능 이상에 대해 여덟 가지 이상의 과학적 지표로 체형을 분석해주는 것으로 검사 방식은 다음과 같다. 딱 달라붙는 면 티셔츠와 쫄바지를 입고 골반 좌우 뼈 위에 스티커를 하나씩 붙여서 비대칭 근육 상태를 파악한다. 앞뒤 좌우 돌아가며 네 번의 촬영을 마친 후 결과지를 기다렸다. 나는 C등급을 받았다. 직업상 목을 숙이는 동작을 장시간 유지하여 목의 척추 커브에 변화가 생겼고, 상체를 한쪽으로 기울이는 습관이나, 가방을 한쪽으로 드는 습관 때문에 왼쪽 척추가 틀어져 있었다. 또한, 다리를 꼬는 습관과 좌식 생활 때문에 오른쪽 골반이 틀어져 있었다. 척추에 무리를 주는 나쁜 습관들과 갱년기가 겹치면서 나의 몸은 통증으로 더 고생하고 있었다. 갱년기가 지나가면 다 괜찮아진다고 먼저 겪은 언니들은 얘기한다. 정말 괜찮아질까? 어쩌면 아픈 것에 내성이 생겨 익숙해지는 것이 아닐까.

갱년기 관절 문제는 40년 넘게 전력 질주하며 달려온 내 몸이 이제 기름칠 좀 해달라며 나에게 보내는 아우성이다. 하물며 차도 마찬가지다. 오래 달린 차는 불스원샷으로 엔진의 때를 제거해야만 별문제 없이 움직인다. 삐걱거리는 내 몸에도 윤활유를 넣어줘야 인생 후반부도 씽씽 잘 달릴 수 있을 것이다.

Love My Self

럽마셀 오늘의 리셋 팁

갱년기 근골격계, 관절, 어떻게 대처해야 할까요?

폐경을 전후로 여성의 골다공증 발병이 증가한다고 한다. 골다공증이란 골량의 감소와 골의 미세 구조 이상으로 전신적으로 뼈가 약해져서 쉽게 골절이 일어날 수 있는 상태를 말하며 보통 80% 이상, 남성보다 여성에게 많이 나타난다. 비타민 D와 칼슘 섭취 부족, 식이 상태, 낮은 신체 활동, 에스트로겐 부족 등이 원인이 된다고 하는데 폐경 후엔 특히 골다공증의 예방에 신경을 써야 한다. 햇볕을 받으며 걸으면 비타민 D 섭취와 골밀도를 증가시킬 수 있다. 골밀도는 저항이 있어야 늘어나는데 뼈에 무게가 실리는 걷기 운동이 좋다. 점심 식사 후 햇볕을 받으며 공원이나 주변을 30분 정도 산책한다면 나의 뼈 건강에도 도움이 되고 힐링되는 시간이 될 것이다. 더불어 모티 피지오 검사를 통해 나의 골격과 체형을 분석하고, 척추에 안 좋은 습관들을 고쳐가는 것도 갱년기 통증 완화에 많은 도움이 된다.

03

뱃살, 이거 어떡하니

갱년기를 겪는 여성들의 가장 큰 고민은 비만이다. 적게 먹어도 살이 찌는데, 유독 뱃살이 정신없이 늘어나 딱 미칠 노릇이다. 온갖 다이어트도 소용없다. 운동을 하려 해도 몸이 무겁고, 하기 싫다. 조금만 움직여도 피곤해지지만 놀랍게도 식욕은 더 왕성해진다.

친정 식구들은 다들 자기 관리를 잘하는 편이라 누구 하나 비만과는 거리가 먼 표준 몸매다. 그중에서도 유독 서울 언니라 불리는 큰언니가 가장 어려 보인다. 서울에 살기도 하지만, 가슴이나 몸매, 피부가 가장 젊어 보여서다. 머리 스타일부터 옷 입는 스타일까지 세련됐고, 거기에 예쁜 서울 말씨까지 자매 중 누구도 큰언니를 따라갈 수 없었지만, 세월은 붙잡을 수 없었다.

언니 별명은 '배꼽 등에 붙이고'다. 지금까지 언니가 뱃살 하나 없이 20대 S라인 몸매를 유지할 수 있었던 비결은 자세 때문이었다. 언니는 소파에 앉든 바닥에 앉든 항상 코어에 힘을 주고, 배꼽을 등에 딱 붙인다는 마음으로 허리를 꼿꼿이 세우고 앉았다. 우리랑 같이 있을 때도 허리를 구부정하게 배를 쑥 내밀고 있으면 "배꼽 등에 붙이고 앉아! 그래야 뱃살이 안 처지고 살이 안 쪄!"라며 잔소리했다. 그랬던 언니가 폐경을 겪고 살이 찌기 시작했다. 주체할 수 없이 왕성해진 식욕을 참지 못한다. 몸무게의 변화는 물론 적게 먹어도 유독 배에만 살이 찐다고 스트레스를 받았다. 바지 사이즈가 늘어가고 옆구리에 없던 튜브가 생기는 걸 그대로 보고만 있을 수 없던 언니는 다이어트 대장정에 나섰다.

언니는 첫 번째 다이어트로 아침저녁으로 밥 대신 효소를 액상에 타 먹는 것으로 시작했다. 일주일 동안 효소 외에는 다른 것을 먹으면 안 되고, 배가 고프면 야채 정도만 먹어야 한다. 우리 자매들은 큰 언니와 같이 다이어트를 시작했고 살이 조금씩 빠짐을 느꼈다. 하지만 누구보다 안 먹고 저녁에 운동까지, 제일 열심히 한 큰언니만 몸무게에 큰 변화가 없었다.

언니의 두 번째 다이어트는 사우나 다이어트였다. 말 그대로 사우나 한증막에서 땀을 빼고 찬물에 식히기를 반복하는 다이어트다. 워낙 사우나를 좋아하던 언니에게 사우나는 맞춤형이었다. 마치 물 만난 고기처럼 사우나 다이어트를 하고 나면, 몸이 가벼워짐을 느끼게 된다. 사우나를 마치고 집에 갈 때쯤이면 몸무게가 1kg 정도 줄어 있었다. 얼굴은 부기가 쏙 빠지고 눈은 퀭하니 핼쑥해진 모습을 거울로 볼 때면 자기만족을 했지만, 사우나에서 땀을 빼고 나니 몸은 더 건조해졌다. 수분이 부족하면 우리 몸은 배가 고픈 걸로 착각을 해 조금만 먹어도 몸에 더 비축한다고 한다. 결국 사우나 다이어트도 큰언니에겐 별 효과가 없었다.

언니의 세 번째 다이어트는 '딥다라인'이라는 실내 운동기구를 쓰는 다이어트였다. 바닥에 밀착되어 발판 부분만 좌우로 움직이는 기구여서 층간소음 걱정이 없고, 아무 때나 사용할 수 있는 장점이 있었다. 음악에 맞춰 진행자와 함께 미친 듯이 춤을 추면 이마에 땀이 송골송골 맺히고 온몸은 땀범벅이 된다. 30분에 270칼로리 이상이 소모되는 아주 효율적인 홈 트레이닝 운동이었다. 며칠 신나게 운동하고 나니 그동안 꿈쩍도 안 하던 뱃살들이 조금씩 빠지기 시작했다. 몸무게는 1.5kg 정도 줄었다.

"드디어 찾았어! 이거야! 20대의 S라인 몸매로 돌아갈 수 있어!"

언니는 유레카를 외치며 환호했다. 하지만 기쁨도 잠시 운동을 한 지 일주일쯤 지났을까? 무릎이 아프고, 발목이 아파서 걸을 수가 없었다. 병원에 가니, 발목 인대가 늘어나고 무릎 관절에 무리가 왔다고 했다. 의사 선생님께서는 당분간 발목이나 무릎에 무리 가는 일을 하면 안 되고, 부기가 빠질 때까지는 많이 움직이면 안 된다고 했다. 그렇게 홈트 마저 실패로 돌아갔다.

키 163㎝에 58kg, 언니 나이에 날씬하기만 한 몸매지만 갱년기를 겪으면서 주체할 수 없는 식욕과 유독 배에만 붙는 허리 튜브 때문에 스트레스를 받는 언니는 오늘도 치열하게 다이어트를 하고 있다. 닭가슴살에 샐러드 먹기, 아침저녁으로 30분씩 호수공원 걷기, 거실에 요가 매트 깔고 지정석을 만들어 뱃살 못살게 굴기, 배꼽을 등에 붙인다는 맘으로 코어에 힘을 주고 허리 세워서 앉기, TV 보며 스트레칭하기, 집에서 딱 붙는 배꼽티와 허리까지 올라오는 쫄바지 입고 생활하기, 거울에 비친 모습을 보며 계속 자각하기, 허리 뱃살 사진 찍기 등 나름의 방법으로 갱년기 비만과의 전쟁을 치르고 있다.

"아들, 네 엄마 뱃살 봐라. 튜브다! 튜브!"

형부가 배꼽티에 쫄바지를 입고 저녁을 준비하는 언니를 놀려도 절대 굴하지 않는다. '갱년기 뱃살 네가 이기나? 내가 이기나? 어디 한번 해보자!' 언니는 오늘도 꿋꿋하게 다이어트를 한다. 우아하게 물 위를 떠다니는 백조가 사실은 물밑에서 쉼 없는 발버둥을 치고 있는 것처럼 갱년기에도 아름다운 자기 관리를 위해 고군분투하는 언니에게 무한한 응원을 보낸다.

Love My Self

럽마셀 오늘의 리셋 팁

갱년기 비만, 어떻게 대처해야 할까요?

여성의 몸은 여성 호르몬이 분비되지 않을 때를 대비해 복부나, 팔뚝, 허벅지에 지방을 축적한다. 갱년기가 되면 지방 분해력이 떨어져 내장 지방이 쉽게 쌓여 살이 찐다. 갱년기 때 다이어트는 규칙적인 식생활 패턴과 수면 시간 확보를 통해 자율 신경의 균형을 맞추는 것이 중요하다. 무조건 적게 먹고 운동만 하면 뼈관절에 퇴행이 빨리 와서 근육통을 달고 살 수도 있다. 규칙적인 소식과 단백질, 무기질, 비타민, 식이섬유가 풍부한 음식을 섭취한다. 물도 많이 마셔야 한다. 대신 식사 시간 전후 2시간 동안은 마시지 않고, 하루 2L 이상 미지근한 물을 섭취하는 것이 좋다. 무엇보다도 코어 운동, 필라테스, PT, 걷기 등을 통해 근육량은 늘리면서 체지방을 줄이는 것이 갱년기 다이어트의 핵심이다.

04

부재중 전화 100통

갱년기는 빈집으로 무작정 들이닥친다. 아이들은 대학에 가고, 남편은 직장 일로 바깥에서 보내는 시간이 더 늘어난다. 남편 자식 밥 안 챙겨도 되니 이렇게 편할 수가 싶지만 그것도 잠시 텅 빈 집에서 혼자 시간을 보내다 보면 공허함과 외로움이 밀려온다. 일명 '빈집 증후군'의 시작이다.

미숙 언니는 자궁 근종으로 수술을 받게 되면서 20년 다닌 직장을 그만두고 집에서 쉬게 되었다. 모처럼의 편안함과 자유로움을 만끽하려 했지만, 오히려 갱년기 우울증이 시작되었다. 장을 봐서 맛있는 밥상을 차려도 같이 먹을 사람 하나 없고, 하루 종일 집에 있어도 이야기 나눌 사람이 없어 외로움이 몰려왔다. 에어로빅 대회에 나갈 만큼 운동을 좋아하고, 매사에 밝고 긍정적이기만 했던 언니는 갱년기를 겪으면서 변해갔다. 말수도 적어지고, 잘 웃지도 않았다. 언니가 유일하게 하는 건 저녁마다 혼자 공원을 산책하는 일이었다. 남편이나 자식에게 같이 운동하러 가자고 해도 다들 바쁘고 귀찮다고 거절했다.

그날도 언니는 운동복에 휴대폰 하나 달랑 들고 집을 나섰다. 운동장을 반쯤 돌았을 때, 문득 모든 게 싫고 혼자서 어디론가 가고 싶단 생각이 들었다. 혼자만 있을 수 있는 곳으로 가야겠다는 생각에 무작정 고속버스 터미널로 향했고 동해 바다를 보러 가야겠다고 생각했지만, 그 시간엔 동해로 가는 버스가 다 끊긴 상태였다. 집에서 가장 먼 곳으로 가는 버스를 타자는 생각에 원주행에 올라탔다. 아들에게 '엄마, 잠시 여행 갔다 올게 걱정하지 마.'라는 문자를 남기고 휴대폰도 꺼버렸다. 원주에 도착하니 밤은 깊었고, 사람 없는 터미널은 무서웠다. 여자 혼자 모텔에 가기는 겁이 나 근처 24시간 찜질방을 찾았다. 찜질방에서 샤워하고 잠을 잘 수 있는 구석 자리를 찾아 누웠다. 머릿속은 많은 생각들로 복잡했지만, 몸이 피곤했는지 눕자마자 잠이 들었다. 아침에 눈을 떠 휴대폰을 켜 보니 문자와 전화가 100통이 넘게 와 있었다. 친정 엄마, 친정 언니, 남동생, 남편, 아들과 딸, 친구들, 영식이 엄마 등등. 순간 정신을 차리고 아들에게 전화하니 엄청 부드러운 남자 목소리가 들렸다.

"여보세요?"

"김미숙 씨? 지금 안전한 곳에 계신가요? 어디 아픈 곳은 없으시고요?"

너무 부드럽고 편안한 남자 목소리였다.

"네…."

"저는 영등포 경찰서 김형석 형사입니다. 가족들이 김미숙 씨를 많이 걱정하고 계십니다. 거기가 어딘지 말씀해 주시면 제가 모시러 가겠습니다."

"아니에요, 제가 집으로 가겠습니다. 휴대폰 배터리가 없어서 꺼질지도 모르니 걱정하지 말라고 얘기해 주세요."

"그럼 터미널에 가셔서 집으로 돌아오는 차표를 끊으신 후 사진을 찍어서 문자로 보내주십시오."

미숙 언니는 사진을 찍어 문자로 보냈고 버스를 타고 서울역으로 왔다. 경찰 아저씨 한 분과 가족들이 터미널에서 미숙 언니를 기다리고 있었다. 그렇게 1박 2일 갱년기 엄마의 실종 사건은 언니가 가족의 품으로 돌아오면서 막을 내렸다.

그 후로 언니 남편은 퇴근 후 바로 집으로 와 언니와 함께 시간을 보내려 한다. 아이들도 수업이 없는 날이면 엄마랑 같이 산책을 하고, 마트 장을 보러 다닌다. 이제 주말이면 가족 외식을 하고, 많은 대화를 나누며 지낸다고 했다. 그러한 노력 덕분에 지금은 많이 괜찮아졌다. 20년 넘게 직장생활을 했던 언니가 처음 혼자 보내는 시간을 마주했을 때 극도의 우울함을 겪어야만 했지만, 점차 나아지는 모습을 보이더니 얼마 전 '몽이야 양이야'라는 애견 숍을 오픈했고, 강아지 한 마리를 입양해서 자식처럼 키우고 있다. 갱년기는 외롭다고 생각하면 한없이 우울해진다. 스스로 잘 극복할 수 있도록 자신만의 또 다른 관심사를 찾아야 한다. 미숙 언니는 요즘 입양한 강아지 몽이랑 사랑에 빠졌다고 한다. 집에 돌아오면 오로지 자신만을 위해 꼬리를 흔들며 반겨주고, 자기를 졸졸 따라다니며 간식 하나에 행복해하는 몽이를 보면 저절로 웃음이 나온단다. 이제는 언제든지 같이 산책할 친구가 생겼다. 몽이는 속에 있는 말을 해도 다 들어주고, 따뜻한 체온으로 온기를 느끼게 해주며, 뽀뽀로 사랑 표현을 해주었다.

갱년기 우울증은 호르몬 감소로 자율 신경계의 균형이 깨지면서 발생한다. 교감 신경과 부교감 신경이 들쑥날쑥해진다. 부교감 신경이 항진되면 우울증과 과거 기억이 되살아나 억울하고 분하다는 생각이 든다. 이 시기를 잘 극복하려면, 오로지 자신에게 집중하고, 자신을 사랑하는 법을 배워야 한다. 뭘 원하는지, 뭘 하고 싶은지 자신에게 자꾸 물어봐야 한다. 그리고 무엇보다 가족의 따뜻한 사랑과 관심이 필요하다.

Love My Self

럽마셀 오늘의 리셋 팁

갱년기 우울증, 어떻게 대처해야 할까요?

1. 텃밭 가꾸기

텃밭 가꾸기를 통해 싹이 나고 열매를 맺고, 수확하는 소소한 기쁨을 누릴 수 있다. 물과 거름을 주고 정성을 쏟은 만큼 식물이 잘 자라는 모습을 보며 생명의 신비로움을 느낄 수 있다. 꼭 거창하게 텃밭일 필요는 없다. 그저 무언가에 온전히 신경을 쏟고 꾸준하게 사랑을 주는 것이 중요하다. 작은 화분이라도 하나 사 와서 애정 어린 이름을 붙여주고 예쁘게 잘 키워보는 것도 좋겠다.

2. 애완동물 키우기

애완동물을 돌보며 많은 기쁨을 느낄 수 있다. 집에 들어가면 가장 먼저 반겨주고, 따뜻한 체온을 느끼게 해주며, 훌륭한 말동무도 되어준다. 우리는 무언가를 사랑하는 과정을 통해 반드시 행복해질 것이다.

05

밤마다 에로 영화의 주인공이 된다

평년과 다름없는 날씨였지만 올해 봄은 내겐 늘 한여름 같았다. 밤만 되면 너무 더워서 안방 문과 창문을 다 열고 잠을 청해야 했다. 얇은 속옷조차 갑갑하게 느껴지는 날은 에로 영화의 주인공처럼 실오라기 하나 걸치지 않고 자고 싶다는 생각이 들었다. 겨우 잠이 들었다가도 얼굴이 뜨거워지고 온몸에 갑자기 땀이 날 때면 선풍기를 세게 틀어놓고 하염없이 그 앞에 앉아야 했다. 땀이 등줄기를 타고 흐르다 갑자기 싸늘하게 싹 식어버리면 허망함에 몸을 떨어야 했다. 매일 시원섭섭했다.

딸아이가 집에 내려오기 전까지도 몰랐다. 밤이면 찾아오는 이 무더위가 기상 이변이라고만 생각했다. 얼굴의 열감과 속에서 '천불이 난다.'라는 느낌이 들어서 에어컨을 틀기도 했다. 그날 밤, 모처럼 딸아이는 엄마 옆에서 자겠다고 베개를 끌어안고 내 침대로 왔다. 밤새 더워서 문을 열고 에어컨을 켜는 내게 딸아이는 "엄마 너무 추워! 에어컨을 끄던지, 문을 좀 닫으면 안 될까?"라고 했다. 춥다고 말하는 딸아이가 걱정되었다. '혹시 몸살기가 있나? 집에 오니까 긴장이 풀려서 몸이 안 좋은가?' 슬며시 걱정되었다. 다음날 딸은 두꺼운 겨울 이불을 들고 와서 엄마랑 같이 자고 싶은데 너무 추워서 안 되겠다며 이불 위로 얼굴만 쏙 내밀고 옆자리에 눕는 것이 아닌가! 순간 동생 집에 갔을 때가 생각났다. 밤새 더워 베란다 문을 활짝 열어놓고 잤는데 다음 날 아침 같이 잤던 세 살짜리 조카가 감기에 심하게 걸려 병원에 입원했다. 나만 덥고 나만 열이 난 거였다.

딸아이가 내려오지 않았다면 몰랐을 갱년기 증상이었다. 그동안 바보같이 날이 더워서 열이 나고 땀이 나는 줄 알았다. 이렇게 빨리 갱년기가 오리라고는 상상조차 하지 못했다. 어느 날은 화장을 하고 나갈 준비를 했는데 갑자기 얼굴이 빨갛게 익으면서 옷을 입고 있을 수 없어 외출을 포기했다. 스트레스를 받는 날이면 더 심하게 열이 나고 입술이 트고 마르기까지 했다. 겨드랑이에 땀이 흥건하게 젖는 날엔 민망함에 양팔을 꼭 붙이고 다녀야 했다.

열감보다 더 심각한 증상은 극심한 가려움과 건조증이다. 우리 몸의 자율 신경계에 균형이 깨지면 체온 조절의 문제 생겨 열감이 생긴다고 한다. 열감이 생기면 땀이 나거나 피부 혈행에 문제가 발생하고, 평소 피부 장벽이 약했던 사람에게는 가려움증이나 피부 발진이 생길 수 있다고 한다. 내 얼굴이 쉽게 빨간 사과가 되었고, 밤이면 온몸이 간지러워 나도 모르게 벅벅 긁고 있었다. 온몸은 상처투성이였고 마음엔 더 큰 상처가 생겼다,

처음엔 일시적인 가려움증 혹은 알레르기라 생각해 피부과에 다녔다. 스테로이드 연고를 바르고 약을 먹었지만, 연고를 바를 때만 괜찮아지고 끊으면 다시 심해졌다. 점점 피부가 괜찮아지는 시기가 짧아지자 걱정이 되기 시작했다. 스테로이드 연고를 장기간 사용하면 부작용이 있다고 해서 연고 사용을 끊었더니 얼굴이 온통 빨갛게 뒤집혔다. 답답한 마음에 한의원에 가서 침 치료를 받고 한약도 지어 먹었다. 효소나 건강식품을

복용하기도 하고, 발효 화장품을 써보기도 했지만 큰 효과는 없었다.

그러던 어느 날, 40대 중반 이후 피부 가려움의 문제는 갱년기 증상으로 호르몬 변화 때문에 나타날 수 있다는 것을 책을 보다 알게 되었다. 좋은 화장품, 비싼 식품도 다 소용이 없었다. 마음을 편하게 먹기로 했다. 그 후 일상생활 속에서 소소하게 실천할 수 있는 치료법을 열심히 찾았다. 아침저녁으로 가볍게 샤워 후 보습크림을 듬뿍 바르고, 얼굴은 최대한 보습력 좋은 천연 화장품을 사용했다. 스트레스를 받지 않으려고 노력했고, 물을 최대한 많이 마시며 식단 조절을 병행했다. 이런 눈물 나는 노력 덕분이었는지, 호르몬이 균형을 찾은 건지 두 달이 지날 때쯤 조금씩 효과가 나타났다. 코로나가 심해 노 메이크업에 마스크를 착용하고 다닐 수 있어서 그나마 다행이었다. 외부 활동을 자제하고 집에서 관리를 열심히 한 결과, 피부 건조함은 조금씩 좋아졌다. 갱년기 열감으로 인한 건조증과 정말 힘겨운 싸움을 했다. '더 이상 이놈들이 나의 몸을 지배하게 그냥 두지 않으리라!'

갱년기 열감으로 특정 부위 건조함을 호소하는 언니들이 많았다. 유독 유두가 가려워 긁다 보니 유즙이 나온 언니는 본인이 유방암인 줄 알고 호르몬 검사까지 받았다고 한다. 갑자기 항문이 참을 수 없을 만큼 가려워진 또 다른 언니는 기생충 때문이란 생각에 가족 모두 해충 약을 몇 번이나 먹었다고 했다. 이런 증상들은 갱년기 열감과 건조함 때문이다. 호르몬의 변화가 우리의 몸에 이렇게 다양하게 나타난다는 사실이 놀랍기만 하다.

Love My Self

럽마셀 오늘의 리셋 팁

갱년기 열감과 땀, 피부 건조증, 어떻게 대처해야 할까요?

1. 생각 바꾸기

갱년기 때 자율 신경계의 불균형은 뇌로 인해 발생한다. 생각을 바꿔 뇌를 통제하면 어느 정도 효과가 있다. 열감이나 식은땀이 날 때는 스트레스 받지 말고 '내 몸이 열심히 적응 중이구나.', '이 또한 지나가겠지.'라고 생각해보자. 복식 호흡으로 마음을 다스리고, 그래도 심할 땐 일시적으로 호르몬 치료를 받는 것도 한 가지 해결 방법이다.

2. 좋은 습관 만들기

호르몬 변화로 인한 건조증과 피부 가려움증은 원활한 혈액 순환과 노폐물 배출을 통해 어느 정도 해소할 수 있다. 반신욕이나 족욕도 좋고, 샤워 후 충분한 보습은 필수이며, 독소 배출을 돕는 음식을 섭취해보자. 피부 건조증에는 하루에 물 2L 이상을 마시는 것만으로도 도움이 된다고 한다. 열감으로 예민해진 피부엔 천연 발효 화장품이 효과가 있었다.

06

가족끼리 그러는 거 아니야

"여자 나이 50 넘으면 여자가 아니라, 할머니지!"

대학 시절 한 교수님이 강단에서 이런 말씀을 하셨다. 다시 그분을 만나게 된다면, 물론 만나고 싶지도 않지만, 꼭 이렇게 되묻고 싶다.

"남자 나이 50 넘으면, 할아버지죠?"

50이 넘으면서 대부분 여성은 폐경을 경험하고 갱년기를 겪는다. 갱년기를 가벼운 감기처럼 겪는 사람도 있지만, 독감처럼 심하게 겪는 사람들도 있다. 여러 가지 증상이 나타나지만 '내가 갱년기가 왔구나!' 알게 되는 가장 뚜렷한 기준은 폐경의 여부에서 시작하는 것 같다. 폐경을 겪고 나면 여성 호르몬이 급격하게 감소한다. 가장 먼저 피부가 건조해지고 탄력이 떨어지는 것을 느낄 수 있다. 아무리 몸에 좋은 걸 먹고, 피부과 의술의 힘을 빌려 보습에 신경을 써도 속부터 일어나는 건조는 어쩔 수 없다. 점점 더 예전의 피부 상태로 돌아갈 수 없게 된다.

갱년기가 되면 눈에 보이는 피부만 건조해지는 것이 아니라, 눈에 보이지 않는 속 피부도 건조해진다. 말 못 할 고민 '질 건조증'이 가장 대표적인 예다. 여성 호르몬이 감소하면 질과 요도의 상피 세포가 얇아져 질 안이 건조해진다. 탄력성과 유연성이 감소하고 외음부 주변의 혈류량이 줄면서 '질 분비액'도 줄어든다. 그로 인해 질 건조증과 가려움증, 통증이 발생한다. 질 분비액은 부부관계에도 영향을 미치지만, 무엇보다 외부 세균으로부터 우리 몸을 지켜주는 역할이 느슨해지면서 문제가 생긴다. 질 분비액이 줄어들면 질 감염 위험이 커져 방광염과 질염에 쉽게 노출된다. 질 건조증으로 많은 갱년기 여성들이 고통을 겪고 있지만, 어디에다 드러내놓고 쉽게 말할 수도 없는 노릇이다. 하지만 분명한 건 질 건조증 문제는 충분히 극복할 수 있다. 그러기 위해 여성은 외적 관리뿐 아니라 내적인 부분의 관리에도 꼭 관심을 쏟아야 한다.

영미 언니는 갱년기를 겪으면서 질 건조 때문에 남편과의 잠자리가 두렵다고 했다. 남자 나이 50이 넘으면 마누라의 샤워 소리만 들려도 잠든 척 연기한다는데, 언니는 오히려 남편이 분위기를 잡으려고 하는 날이면 얼른 학교 운동장으로 운동을 나가던지, 피곤해서 잠든 척 연기를 한다고 했다. 질 건조증도 문제였지만 폐경 이후 냄새가 심하게 나고, 부부관계 시 통증이 느껴져 많이 힘들다고 했다. 질 건조는 시간이 지날수록 자신감 상실을 가져왔고 나중에는 우울증까지 동반했지만, 다행히 한 업체와 상담을 받고, 관리 받으며 잘 극복했다고 한다. 요즘은 질도 볼륨에서 탄력 미백까지 종합적인 관리가 가능하며 필러나 화이트닝 케어, 레이저 타이트닝까지 다양한 시술이 가능하다는 정보도 알려주었다. 회복 기간도 짧고 빠른 시간에 효과를 볼 수 있다며 추천해주셨다.

폐경을 겪고 나면 호르몬의 감소로 몸의 겉과 속이 건조해진다. 오죽하면 갱년기를 심하게 겪는 언니들이 '몸에 구멍이란 구멍에서는 다 냄새가 나는 것 같고, 물이란 물은 다 말라버린 것 같다.'라고 하겠는가. 이 말은 지금부터라도 건조함을 잘 관리해야 된다는 말로 해석하면 된다. '질 건조증'을 극복할 방법은 많다. 겉 피부처럼 질 안을 촉촉하고 탄력 있게 해주는 제품들도 많고 질 건강 유산균 광고도 TV에서 쉽게 볼 수 있다. 관리한다면 부부관계에도 전혀 문제가 되지 않는다. 갱년기 부부관계의 잠자리 고민은 마음먹기에 따라 얼마든지 해결할 수 있다.

"가족끼리는 그러는 거 아니야!"라고 농담하지만, 오히려 가족이기에 더 따뜻하게 배려하고, 공감하고, 사랑한다면 부부관계 얼마든지 신혼 때처럼 돌아갈 수 있다.

Love My Self

럽마셀 오늘의 리셋 팁

갱년기 질 건조증, 어떻게 대처해야 할까요?

1. 항상 배를 따뜻하게 해준다.

2. 냄새가 나거나 문제가 있다고 느껴지면 바로 산부인과 진료를 받는다.

3. 겉 피부를 관리하듯 질 안 속 피부도 관리하면 된다. 다양한 업체와 상담 후, 충분히 전문적인 케어를 받을 수 있다.

4. 질 유산균 같은 제품을 먹어도 좋고, 주기적인 질 세정도 도움이 된다.

5. 코어 운동이나, 케겔 운동을 한다.

6. 필요에 따라 질 필러, 화이트닝 케어, 레이저 타이트닝 등의 의료적인 시술도 가능하다.

07

방귀 냄새만 독해지더라

살면서 남보다 탁월한 능력을 하나 꼽으라면 위대한 '소화력'이라 할 수 있다. 우리 집은 어려운 가정 형편에 5남매였다. 어릴 적 엄마가 맛있는 음식을 해주시면 5남매는 치열한 경쟁을 해야 했다. 조금이라도 밥상에 늦게 앉으면 맛있는 반찬은 순식간에 사라지고 없었기 때문이다. 음식을 꼭꼭 씹어 먹기보단 꿀떡꿀떡 삼켰다. 치열한 밥그릇 쟁탈 훈련 덕분에 '남보다 더 빨리, 더 많이, 자주' 먹을 수 있는 대단한 소화력을 가지게 되었고 친구들은 이런 나를 '소'라고 불렀다. 작고 아담한 몸매로 어떻게 그 많은 음식을 그렇게 빨리 먹어 치우냐고 물을 때마다 "열심히 먹어 뒀다가 나중에 소처럼 되새김질할 거야."라고 우스갯소리를 했다. 가리는 음식도 없을뿐더러, 식탐도 타의 추종을 불허했다. 어릴 적부터 단련된 소화력 때문일까? 유전자의 힘일까? 어쨌든 다이어트를 고민해야 할 일은 평생 없다고 생각했다.

그랬던 내가 갱년기를 겪으며 이상한 일이 반복되었다. 전날 저녁에 기름진 음식을 먹거나 과식하면 다음 날 오전 내내 가스가 차고, 속이 더부룩했다. 점심을 많이 먹은 날엔 저녁에 배가 별로 고프지 않았고, 식후에 꼭 챙겨 먹었던 카페 라테와 조각 케이크를 마다하는 일도 생겨났다. '돌도 씹어 먹을 소화력'을 자랑하던 내가 남보다 더 적게, 느리게, 천천히 음식을 먹어야 했다. 덤으로 먹으면 바로 살이 찌는 체질로 변해버렸다.

갱년기를 겪는 여자들이 공통적으로 가장 불편해하는 부분은 소화다. 여성 호르몬의 감소는 자율 신경의 불균형을 초래하여 위와 장의 기능을 저하시킨다. 예전만큼 많이 먹지 않아도 소화가 어렵다. 초저녁에 먹어도 다음 날 아침까지 속이 불편할 때도 많다. 기름지거나 맵고 짠 음식을 먹으면 다음 날 아침 얼굴이 붓는다. 생각 없이 과식이라도 하는 날이면 온종일 배가 아프다.

갱년기를 겪고 있는 언니들 역시 입을 모아 같은 이야기를 했다. '잘 체한다. 아랫배가 묵직하고 가스가 자주 찬다. 아침에 몸이 무겁다. 소화가 되지 않아 속이 답답하고 순환이 잘 안 되는 느낌이 든다. 배가 더부룩하거나, 잦은 트림이 난다. 방귀 냄새가 독해진다.' 물론 갱년기가 아니어도 나이 들수록 소화력이 떨어지는 것은 사실이다.

연령에 따른 소화 효소 분비량은 20대에는 60%였다가 60대에 20%까지 줄어든다. 효소 분비량이 줄어들면 소화도 잘 안 되고 신진대사가 원활하지 않아 영양 결핍이 오고, 체력이 떨어진다. 효소는 체내 음식물을 초미세 단위로 분해하고 흡수하여 에너지와 영양소를 조직 세포에 공급한다. 무엇보다 효소가 부족하면 장내 유익균이 줄어들고 유해균이 늘어나서 독소가 쌓인다. 이처럼 소화 효소의 중요성이 부각되면서 요즘은 식품으로도 소화 효소를 쉽게 섭취할 수 있다. 식전이나 식후에 비타민처럼 한 포 먹어주면 떨어진 소화력을 대신해 우리 몸의 소화를 도와주고 속도 편하게 만들어 준다.

어찌 되었든 나이가 들면서 소화 효소도 줄고, 경제적 여유도 생겨, 앞다퉈 먹지 않아도 되었지만, 이상하게도 5남매가 뭉치는 날이면 우리의 식탐은 다시 살아난다. 음식 앞에선 다들 말수가 줄고, 맛있는 건 먼저 먹으려고 매의 눈으로 음식을 노리고 있다. 계란 비빔밥에 김치 하나만 있어도 꿀맛이라 서로 한 입이라도 더 먹으려 아우성이었다. 하지만 이 왕성한 소화력도 갱년기 앞에선 전혀 힘을 쓰지 못했다. 갱년기를 같이 겪고 있는 큰언니, 작은언니, 그리고 나. 우리 세 자매는 맛있는 음식을 눈앞에 두고도 적게 먹는 고통을 감내하고 있다. 치킨에 피자, 족발을 좋아하는 우리지만 과식한 날이면 누가 먼저라 할 것 없이 얘기한다.

"효소 하나 줘봐! 많이 먹어도 우리에겐 효소가 있잖아!"

갱년기를 겪으며 쇠퇴하는 소화력을 찾기 위해 오늘도 고군분투한다. 이제 좌우명은 음식 앞에 '더 많이 더 빨리 먹기가 아니라, 더 적게 더 천천히 먹기로 바뀔 것이다. 그동안 쉬지 않고 먹어댔으니 이제 장기들을 위해 휴식을 가지는 것도 좋겠다는 생각이 들다가도, 세월이 야속하다 싶다가도, 세상에 왜 이렇게 맛있는 음식이 많은가 했다가 그렇게 먹어 또 뭐하겠냐 싶다. 세상 살다 살다 이런 일도 생기고 참 별일이다.

Love My Self

럽마셀 오늘의 리셋 팁

갱년기 소화장애, 어떻게 대처해야 할까요?

1. 하루 세끼 정해진 시간에 소식한다.

2. 밀가루나 인스턴트 식품을 줄인다.

3. 저녁에 소화가 안 된다 싶으면 30분 정도 걷기 운동을 한다.

4. 소화에 도움을 주는 음식을 섭취한다. 매실, 무, 배, 양배추, 허브티, 브로콜리, 생강 등이 소화에 도움이 된다.

5. 왼쪽으로 누워서 자면 역류성 식도염 예방과 소화 촉진에 도움이 된다.

6. 무엇보다 음식을 오랫동안 꼭꼭 씹어 먹는다.

7. 소화효소제를 챙겨 먹는다.

08

내 찌찌값 도라!

"자식 낳아봐야 부모 마음 안다."

엄마가 노래처럼 하던 말이다. 엄마는 지병으로 많이 아프시고 치료 중 바닥에 넘어지시면서 엉덩이 관절이 부서져 병원 치료를 받다 일찍 돌아가셨다. 엄마도 갱년기를 겪으셨을 텐데, 엄마의 갱년기는 어땠는지 여쭤보고 싶지만, 엄마는 이제 내 곁에 없다. 생각난 김에 아빠에게 전화를 드렸다.

"아빠, 혹시 엄마는 언제 폐경 겪으셨어요? 갱년기 때문에 힘들어하진 않으셨어요?"

아빠는 엄마의 폐경이 50쯤 왔다고 했다. 그땐 내가 한참 아이 키운다고 정신이 없을 때였다. '따듯한 말 한마디 못 해드렸구나!' 괜히 엄마가 더 보고 싶었다.

요즘은 초경이 빠르기 때문에 폐경도 빠르다. 한 사람이 가지고 태어나는 난자의 수는 정해져 있기에 초경이 빠르거나, 생리 주기가 빠른 경우는 그만큼 월경 횟수가 많아지므로 폐경을 빨리 겪는다. 엄마 세대는 지금처럼 영양분을 충분히 섭취할 수 있는 환경이 아니었기에 지금보다 초경과 폐경이 느렸다.

엄마는 열여덟에 아빠를 만나 일찍 결혼했고 스무 살에 큰언니를 낳으셨다. 비슷한 시기에 할머니가 막내 고모를 낳으시는 바람에 엄마가 막내 고모랑 큰언니를 같이 키우셨다. 외동딸로 귀하게 자란 엄마는 외할아버지의 반대를 무릅쓰고 시집살이 독하디 독한 윤 씨 가문 시월드에 입성하셨다. 어린 나이에 우리 5남매를 키우시고, 고모, 삼촌들까지 엄마가 뒷바라지하며 키워내셨다. 음주 · 가무를 좋아하시는 아빠에게 가는 길은 '꽃길'이 아니라 '가시밭길'이었다.

엄마의 갱년기를 알리는 첫 신호탄은 울화병이었다. 어느 날 항상 지고지순하고, 우리에게 소리 한 번 지른 적이 없으셨던 엄마가 다짜고짜 이혼을 요구하셨다. 우리에겐 갑작스러운 일이었지만 엄마는 더 이상 이렇게 참고 살고 싶지 않다고 하셨다. 얼굴에는 열이 오르고 속에서는 천불이 난다며 이렇게 살다 간 화병에 걸려 죽을 것 같다고 하셨다. 어린 마음에 '지금까지 잘 참고 사셨으면서 지금 와서 꼭 이혼하셔야 하나?' 남편이랑 시댁 식구 보기 창피한 일이란 생각만 했다. 나는 그렇게 엄마 생각은 못 하고 내 생각만 했다. 엄마의 갱년기 첫 신호탄은 결국 자식들 등쌀에 쏘아 올리지도 못하고 고꾸라져버렸다.

엄마의 갱년기 두 번째 신호탄은 '불면증'이었다. 엄마가 "와이리 잠이 안 오노? 잠이 안 와 미치겠다! 미치겠어!" 하소연하실 때면 "엄마, 나이 들면 잠이 없어진대. 엄마도 나이가 들어서 그럴 거야. 낮에 낮잠 많이 주무시지 마시고 운동 좀 해요!"라고만 했다. 지금 생각하면 엄마에게 참 성의 없고 못되고 못난 딸이었다. 두 살 난 딸아이 키운다고 나 아쉬울 때만 찾아가 애 봐달라는 부탁은 다 해놓고, 막상 엄마가 힘들다고 하소연할 때는 성의 있게 공감 한번 해 드리지 못했다. 엄마 나이가 되어보니 알 것 같다, 엄마의 갱년기에 남편도 자식도 알아주지 않는 당신의 인생이 얼마나 공허하고 억울하게 느껴졌을지 말이다.

엄마의 갱년기를 함께 해주지 못했다는 생각에 괜히 울적해져 친구에게 전화를 걸었다. 친구는 내 이야기를 묵묵히 듣더니 자기 엄마 이야기를 했다.

친구의 생일 전날 밤, 그녀의 엄마에게 한 통의 카톡 메시지를 받았다.

"내일은 정아 생일, 엄마 브라자 사도라. 찌찌값 주라. 옛날 생각하니 감회가 새롭구나."

"뭔 말이야? 엄마 브래지어 필요해?"

"응."

올해 78세인 친구의 어머니는 친구 생일날 '내가 너를 낳는다고 힘들었고, 모유 수유를 하며 힘들게 키웠으니 내 찌찌값으로 예쁜 속옷을 사달라.'는 메시지를 보낸 것이었다. 다음날 백화점에서 어머니는 당당하게 찌찌값을 받으셨다. 걸려있는 신상 속옷 한 세트에다가 보너스로 누워 있는 세일 속옷 한 벌까지, 두 세트를 받아 든 어머니 표정은 꽃이었다. 항상 자신을 먼저 사랑하고, 자식들에게 당당히 선물을 요구하는 삶을 사신 어머니여서 친구는 엄마의 갱년기가 나처럼 마음 아프진 않다고 했다.

갱년기를 겪으면서 갱년기를 겪은 엄마를 그리며 갱년기를 겪을 딸의 모습까지 찬찬히 그려본다. 딸아이가 갱년기를 겪을 때 지금의 나를 생각하며 안쓰럽게 생각하지 않았으면 좋겠다. 오히려 내 찌찌값 달라고 당당히 요구하는 귀여운 엄마의 모습으로 기억됐으면 좋겠다. 갱년기를 겪는 엄마들의 모습이 좀 달라졌으면 좋겠다. '내가 어떻게 살았는데?'라는 말로 자기의 삶을 억울해하고 힘들어하기보단, '나 참 열심히 잘 살았어! 고생했어!'라는 말로 오히려 인생 전반의 수고를 칭찬하고 자식들에게 당당히 뭔가를 요구할 수 있으면 좋겠다. 엄마처럼 살지 않을 거란 말은 그녀들의 삶에 대한 숭배일지 비난일지 가만히 생각해본다. 어쨌든 내 딸의 기억 속에 나는 '자신을 최고로 사랑하는 여자'가 되길 바란다. 그렇다면 괜찮은 갱년기가 아니겠는가.

Love My Self

럽마셀 오늘의 리셋 팁

엄마의 갱년기, 어떻게 대처해야 할까요?

'참을 인(忍)'자만 가슴에 새기며 한 번 티도 내지 못했던 그 시절, 어머니들의 가슴은 새까만 석탄으로 가득 찼을 테다. 그게 바로 '화병'이다. 내가 엄마가 되고 자식이 엄마가 될 무렵이 되어보니 자식에게 희생하고 헌신하는 엄마보다, 자신을 사랑하는 엄마가 되는 게 진정한 자식 사랑이라는 걸 알게 되었다.

엄마가 살아 계신다면 백화점에 가서 예쁜 옷 한 벌 사드리고 싶다. 소녀 같은 엄마를 모시고 분위기 좋은 곳에 가서 맛있는 음식 먹으며 행복한 추억을 만들어 드리고 싶다. 엄마 찌찌값을 꼭 챙겨 드리고 싶다. 엄마를 꼭 안고 이렇게 말하고 싶다.

"엄마 감사하고, 사랑해요! 엄마 딸이어서 참 행복했어요!"

09

언니의 갱년기 특효약

할머니까지 여덟 식구가 한집에 살았다. 집은 늘 북적거렸고 늘 옆엔 누군가가 있었다. 때문에 모두가 잠든 후에야 비로소 혼자만의 시간을 누릴 수 있었다. '별이 빛나는 밤에'를 들으며 혼자 공부도 하고 편지도 썼던 고요한 밤을 참 좋아했다. 잠이 오지 않았다. 1분이라도 더 움켜쥐고 싶은 나만의 시간이었다.

잠자는 시간을 아낀 덕분에 24시간을 좀 더 알뜰하게 보냈다. 아이들을 키울 때도 애 둘을 재우고 밤늦도록 하고 싶었던 공부나 밀린 집안일을 했다. 피곤해도 낮잠 자는 일이 없었고, 평균 5시간만 자도 별 지장이 없었다. 자칭 '슈퍼 우먼'이라 생각하며 살았다. 하지만 갱년기가 오면서 달라졌다. 밤 11시만 넘으면 잠이 쏟아졌다. 친구를 만나거나 여러 행사, 가족 모임에서도 신데렐라처럼 밤 11시가 되면 잠 때문에 집으로 왔다. 게다가 아침엔 눈이 떠지지 않았다. 물을 가득 머금은 솜처럼 늘 몸이 무겁고 '세상에서 가장 무거운 게 눈꺼풀'이란 말을 정확히 이해하게 됐다. 자도, 자도 피곤하고 계속 잠만 왔다.

보통 갱년기가 오면 자율 신경계가 불균형해지면서 두 가지 형태의 수면 장애를 겪는다. 하나는 수면 개시 장애로 잠드는 것이 힘든 유형이다. 잠드는 데 2~3시간씩 걸리기도 한다. 또 하나는 수면 유지 장애다. 잠드는 것은 어렵지 않으나 중간에 자주 깨거나, 다시 잠들기 어렵다. 이 유형의 사람들은 숙면이 어렵기 때문에 잠을 제대로 잔 것 같지도 않고, 꿈을 많이 꾸게 된다. 또 특이한 경우 나처럼 자도, 자도 끝없이 잠이 오는 수면 장애를 겪는 사람도 있다.

대학원 선배 언니는 갱년기를 보내며 불면증 때문에 많이 힘들어했다.

처음엔 낮에 커피를 많이 마셔서 그런 줄 알고 커피를 끊었다. 저녁을 굶으며 다이어트를 해서 잠이 안 오나 싶어 밤마다 라면에 밥까지 말아 먹고 자리에 누웠지만 잠을 이룰 수 없었고, 해가 뜨고 잠깐 쪽잠을 청하는 일이 반복되면서 하루 종일 피곤해했다. 갱년기 수면 장애의 대표적 예인데 이 문제를 그녀의 딸이 아주 깔끔하게 해결해주었다. 언니의 딸은 서울의 대기업에서 4개월째 인턴 생활 중이다. 처음 직장생활을 시작한 딸이 어렵게 조금씩 모은 돈 200만 원을 엄마에게 송금했다. 갱년기를 심하게 앓고 있는 엄마가 너무 안타깝고 옆에서 챙겨주지 못해 미안한 마음이 들었기 때문이다.

"엄마, 내가 엄마 명품 백 꼭 하나 사주고 싶어서 돈 보내니까, 예쁜 가방 하나 사서 인증 샷 보내줘요!"

언니는 자신을 걱정해주는 딸이 너무 고마웠다. 이 나이 먹도록 변변한 가방 하나 없이 살아온 자신을 위해 명품 백을 하나 장만하기로 했다. 백화점 1층 매장에서 맘에 쏙 드는 가방을 골랐지만, 막상 딸이 고생해서 번 돈인데 싫어 결국 빈손으로 돌아왔다. 저녁에 딸이랑 전화로 자초지종을 얘기하자 딸아이는 말했다.

“엄마, 그 돈 통장에 넣어두면 잠깐 행복하겠지만 나는 엄마가 행복한 게 훨씬 더 큰 행복이야! 그니까 엄마, 돈 생각하지 말고 내일 가서 그 가방 꼭 사요! 그리고 아프지 말고 오래오래 내 곁에 있어 줘요. 알았죠?”

딸아이의 말에 용기를 얻은 언니는 다음날 다시 그 매장으로 가 세상에서 최고 값진 명품 백을 사 왔고, 상자 속에 그대로 모셔뒀다가 잠 못 이루는 날이면 꺼내서 보곤 했다. 그러던 어느 날 상자에 담긴 명품 백을 안고 잠이 들었는데 모처럼 숙면을 했고, 신기하게도 그날 이후 그렇게 힘들었던 불면증이 싹 사라졌다. 갱년기 엄마를 걱정하는 딸의 마음이 엄마에게 닿아서일까? 그 후, 선배 언니는 ‘갱년기의 특효약은 명품 백’이라는 얘기를 자랑스럽게 하고 다닌다.

Love My Self

럽마셀 오늘의 리셋 팁

갱년기 수면 장애, 어떻게 대처해야 할까요?

1. 오후에는 커피 등 카페인 음료를 마시지 않고 케모마일 차를 마신다.

2. 하루 30분 이상 햇볕을 쬐며 걷기 운동을 한다. 세로토닌 분비에 도움이 된다.

3. 규칙적인 식사로 안정적인 혈당을 유지해야 잠을 깨지 않고 편하게 잘 수 있다.

4. 잠이 드는 것이 너무 힘들면 전문 수면 클리닉에 상담 받는 것도 좋다.

5. 잠이 안 온다고 너무 조급해하지 말고, 최대한 마음을 편안히 가진다.

6. 하루 중 행복했던 일을 감사일기로 적어본다.

10

그 남자의 갱년기

올해 50을 맞이한 가장이자 아버집니다. 누구보다 열심히 살았습니다. 성실하고 착한 아들로, 자상하고 따뜻한 남편으로, 책임감 강하고 든든한 아버지로 최선을 다해 살았습니다. 대기업엘 다니면서 인정받는 엘리트 사원이기도 했죠. 모든 것이 원하는 대로 되어가고 있다 자부했는데 갑자기 예상치도 못했던 일들이 벌어졌습니다. '분명' 무슨 일이 일어나고 있긴 한데 뭔지 모를 일이었죠. 해외 출장을 다녀온 후 생긴 변화는 살면서 한 번도 경험하지 못했던 불안감을 느낀다는 것이었습니다. 처음엔 시차 적응이 어려워 많이 힘들었습니다. 밤마다 잠을 이룰 수 없었고, 반복되는 불면증에 시달리면서 왠지 모를 두려움과 우울함이 커졌습니다.

"여보, 요새 내 몸이 좀 이상해, 밤에 잠도 못 자겠고, 뭔지 모르게 자꾸 불안하고 겁이 나. 당신 일찍 들어와서 내 옆에 좀 있어 주면 안 될까?"

"당신 요즘 왜 이래? 나 오늘 일이 많아서 안 그래도 힘든데, TV 봐요."

아내는 제 상태를 전혀 이해하지도 공감하지도 못했고 오히려 조금 귀찮게 여겼습니다. 사실 전 매일 업무 때문에 늘 바빴고 집에 늦게 들어오는 날이 많았습니다. 주말은 산을 타거나 혼자 여가 생활을 즐겼고, 와이프 역시 자기 일에 바빠서 우린 각자의 시간을 보내는 일에 익숙해져 있었습니다. 바쁜 아내를 도와 빨래와 청소 등 집안일도 했고, 아들 교육도 전적으로 제 몫이었습니다.

지금까지 아무 문제없이 잘해왔고, 내가 잘하면 아내와 아들이 조금 더 편하고 행복할 거란 생각에 모든 일을 혼자 감당하고 살았습니다. 아내는 그랬던 제가 수시로 "여보, 집에 언제 들어와? 내 옆에 좀 있어 줘! 나 몸이 이상해?"라고 전화하면 투정을 부린다고 생각하는 것 같았습니다. 그러다 참다못한 아내는 "아프면 병원엘 가 봐요! 체력이 떨어졌으면 한약을 한 재 지어먹어요. 사람 바쁜데 자꾸 귀찮게 하지 말고."라는 말만 해주더군요. 자존심도 상하고 서운함이 몰려왔습니다. 아내와 함께 병원에 가길 기대했습니다. 같이 상담도 받고 힘든 나를 엄마처럼 따뜻하게 보살펴주길 바랐습니다. 급격히 떨어진 체력과 성욕 감퇴 문제도 같이 의논하고 싶었지만, 아내에게서 돌아온 말은 차갑기만 했습니다. 도대체 왜 그러냐고 다그쳐 묻기만 할 뿐 절 전혀 이해하려 들지 않았습니다. 저도 보살핌을 받고 싶고, 엄마 품에 기대고픈 한 아이 같은 마음이었지만 어디에도 제가 기댈 곳은 없었습니다. 특히 아들에게 이런 제 모습을 보여주는 건 죽기보다 싫었습니다.

공황장애 같은 증세가 갈수록 심해져 갔습니다. 정신의학과 상담을 받았지만, 의사 선생님은 10분 정도의 짧은 상담 후 항우울제와 수면 유지제를 처방해줄 뿐이었습니다. 밤마다 불면증과 악몽에 시달려야 했고, 수면 유지제를 먹어도 새벽 2시면 잠이 깨어 힘들었습니다. 몇 번이고 잠들어 있는 아내를 깨워 이렇게 말하고 싶었습니다.

"여보, 나 두려워. 그런데 뭘 어떻게 해야 할지 모르겠어. 당신한테 도움을 청하고 싶지만 그런 나 자신에게 화가 나고 부끄러워. 나에게 이런 일이 닥친 것도, 당신이 허물어져가는 나를 보는 것도 참을 수가 없어. 내가 무능력한 사람이 될까 봐 겁이 나!"

하지만 속으로만 상상할 뿐 한마디도 내뱉을 수 없었고 모든 걸 혼자 이겨내야만 했습니다. 갱년기 증상은 감성에도 큰 변화를 가져왔습니다. TV는 시사와 다큐멘터리만 고집하던 제가 시간 맞춰 일일 연속극을 보기 시작했습니다. 특히 맘껏 울고 싶은 날이면 영화 '국제시장'을 반복해서 보며 매번 같은 장면에서 하염없이 눈물 흘렸습니다. 남자는 태어나 3번 운다는데 제 안에 이렇게 많은 눈물이 있을 거라곤 상상도 못 했습니다.

남자도 분명 갱년기가 있다. 보통 45세를 전후로 많이 나타나는데 대표적인 증상으로는 짜증과 화, 무기력과 피로감, 우울증, 건망증, 성욕 감퇴, 발기부전, 불안감 등이다. 이때 남성의 70%가 우울증을 경험한다. 여자들은 우울증이 오면 자기 자신을 탓하며 슬퍼한다면, 남자들은 우울증 표현을 분노로 표현한다. 특히 아내나, 직장 상사, 경제 상황, 정부 등 외부 요인에 책임을 돌리며 화를 내는 것이 특징이다.

사춘기 소년처럼 자유를 달라고 하다가도 막상 혼자가 되면 겁을 먹는 남자의 갱년기를 여자들은 잘 이해할 수도 알아차리기도 어렵다. 남자는 태어나면서부터 보호자라는 사회적 역할을 부여받는다. 자신의 약점을 시인하는 것이 남자답지 못하다는 고정관념 때문에 자신의 문제를 인정하거나 도움 청하기를 거부한다. 다른 사람의 도움 따위는 필요 없다는 '진짜 사나이 증후군' 때문에 고통받는다. '20대 남자는 건강해서 병원 갈 일이 없고, 30대는 너무 바빠서, 40대는 큰 병이라도 생겼을까 봐 무서워서 병원에 가지 않는다.'라는 말이 있다. 진짜 사나이도 아니면서 진짜 사나이 증후군 때문에 늘 강한 척하며 살아야 하는 남자들을 생각하니 남자들도 참 불쌍하다 싶었다. 여자들은 가족들에게 갱년기니까 힘들다고, 관심을 좀 가져달라고 사랑을 요구하지만, 남자들은 갱년기가 뭔지도 모른다. 아니, 알면서도 인정하고 싶지 않아 혼자 버티고 있는지 모른다. 남자도 여자처럼 갱년기를 겪는다. 단지 표현하지 않으니 잘 모르고 지나갈 뿐이다. 어쩌면 말 못 하는 남자의 갱년기가 더 위험할 수도 있다. 남편이 부쩍 피곤하고 힘들어하면 엄마처럼 남편의 얘기를 들어주고 공감해주자. 몸에 좋은 영양제를 선물하며 "요즘 많이 힘들지?"라며 사랑을 표현해주자. 인생의 전반을 열심히 달려온 갱년기 남자들이 행복해지길 바란다.

Love My Self

럽마셀 오늘의 리셋 팁

남자의 갱년기, 어떻게 대처해야 할까요?

1. 갱년기는 인생의 다음 단계를 준비하는 기간이라는 생각을 가지자. 자기 몸과 맘을 살피고 인정하고, 받아들이고, 도움을 요청해야 한다.

2. 성관계에 대한 부담감을 내려놓고 자유로워지자. 상대에게 있는 그대로의 몸의 상황과 마음을 이야기한다.

3. 같은 동성의 친구들과 모임을 하고 여가 생활을 같이한다. 맛있는 음식, 분위기 좋은 커피숍에서 남자들의 수다도 충분히 즐겨라.

4. 은퇴로부터 은퇴하라. 인생 후반의 꿈을 찾아 새롭게 시작하라.

5. 미리부터 홍삼이나 비타민 등 영양제를 꼭 챙겨 먹자! 젊었을 때부터 미리 건강을 챙겨야 면역력과 체력이 급속히 떨어지는 것을 막을 수 있다.

HAPPY WOMEN'S DAY

3장

갱년기, 더는 숨기지 않겠습니다

01

죽고 싶었던 순간이 있었다

대학교 2학년, 한 교양 시간, 교수님은 각자의 인생 설계서를 만들어 보라는 과제를 주셨다. 현모양처가 꿈이었기에, 마흔까지는 남편 내조와 아이들 교육에 최선을 다하기로 했다.

그리고 마흔한 살에는 북 카페를 차리고, 5년 정도 북 카페를 운영하며 책을 읽고 독서 모임을 한다. 독서와 경험을 통해 지성과 미모가 겸비되면 글을 쓴다. 그리고 오랜 꿈이었던 작가가 된다.

하지만 바라는 삶과 현실은 언제나 극과 극이었다. 여전히 난 생계를 위해 일해야만 했고 계획에 없던 이른 폐경으로 만신창이가 되었기 때문이다. 모든 상황에 급격히 소심해지고, 자존감은 바닥을 지나 지하로 내려갔다. '내가 여태껏 어떻게 살았는데? 내가 누구 때문에 이렇게 살았는데?' 누구의 탓도 아니었지만, 모두의 탓 같았다. 삶의 방향을 잃어버렸고, 어디로 가야 할지 몰라 막막했다.

그 길 어디쯤에서 우연히 치유의 글쓰기를 만났다. YWCA 독서 모임에서 만났던 신혜영 작가님이 치유의 글쓰기 특강을 하고 계셨다. 독서 모임에서 유독 책의 내용을 정확히 분석하시고 이야기를 잘하시는 분이었기에 그분 수업이 듣고 싶어졌다. 코로나 때문에 ZOOM으로 진행되었던 수업은 선생님의 '똥 빼기'라는 내용이 신기했다. 똥 빼기란? 자기만의 말 못 하고 힘들었던 과거의 상처들을 글로 써 내려가는 것이다. 많은 시련을 겪고 작가가 된 선생님의 이야기를 들으며, 치유의 글쓰기를 하면 작가님처럼 치유가 될까? 작가님처럼 작가가 될 수 있을까? 반신반의하며 치유의 글쓰기를 시작했다.

똥 빼기의 첫 주제는 '나도 인생에서 죽고 싶었던 순간이 있었다.'였다

가장 힘들었던 순간을 떠올리며 글을 쓰기 시작했다. 글을 쓰는 내내 땡땡하게 곪아 있던 내 안의 상처가 작은 바늘에 찔려 그 틈으로 고름이 조금씩 나오는 것 같았다. 하염없이 눈물이 났다. 내 속의 아픔들을 하나씩 끄집어내 고름을 짜낼 때마다 가슴을 부여잡아야 했지만, 시간이 지날수록 뭔가 시원해짐을 느꼈다. 땡땡 곪은 상처는 제대로 곪을 때까지 기다렸다가 짜야 하는데 지금이 그때인 것 같았다. 인정사정 보지 않고 몸 밖으로 독을 뿜어냈다.

한없이 가녀리고 약해빠진 내가 글에 있었다. 가족과 다른 사람을 위해선 늘 배려하고 최선을 다해놓고선 막상 내가 나에겐 해준 게 하나도 없었다. 고생만 하다 얻은 아픈 몸을 싫어하고 구박하며 창피해했다. 나 자신을 배려하지는 않고 매사에 부정적이었다. 쓸데없이 너무 애쓰며 살았다. 이제는 나를 꼭 안아줘야 할 때라는 걸 확실히 느낀 순간이었다. 치유의 글쓰기는 내게 산소통 같았다.

갱년기에는 여성의 에스트로겐의 감소로 인해 옥시토신 분비도 같이 감소하는데, 옥시토신은 모성, 혹은 커뮤니케이션 역할을 하는 호르몬이다. 이 두 호르몬이 왕성할 때는 여성이 타인을 돌보는 몸에 최적화된 환경이 유지된다. 그러다가 둘 다 감소할 때 자신에게 온전히 집중할 수 있는 뇌 환경으로 재편성된다. 에스트로겐의 감소는 여성들이 자신에게 집중할 수 있도록 몸이 재구성된다는 뜻이다.

즉 갱년기(更年期)란 다시 태어나는 시기다. 새로운 삶의 시작을 알린다. 나라는 자아를 온전히 감싸 안아 이제 하고 싶었던 내 꿈에 도전해볼 차례다. 치유의 글쓰기를 마치고 작가님에게 스무 살 때 꿈이 '마흔다섯엔 글을 쓰는 것'이었다는 얘기를 했다. 작가님은 충분히 할 수 있다고 도전해보라고 하셨다. 종일 작가님의 말이 귓가에 맴돌았다.

'내가 할 수 있을까? 그렇게만 되면 정말 행복할 것 같은데. 그게 내 꿈이었잖아. 하늘색이 핑크빛이 되었다가 다시 먹구름이 몰려왔다. 글을 제대로 써본 적도 없고, 책도 많이 읽지 않은 내가 책을 쓴다고? 말도 안 돼!'

작가는 신춘문예에 당선하고 국문학과를 나오고 책을 많이 읽은 사람이나 가능한 일 아니야? 할 줄 아는 거라곤 김치찌개가 다인데…. 싶었다.

아이들의 꿈은 무조건 응원하고 최선을 다해 뒷바라지하면서 정작 내 꿈은 한 번도 응원해주지 못했다. 아이들한테는 "실패해도 괜찮아! 다시 도전하면 되지."라고 하면서 막상 내 꿈 앞에서는 소극적이고 시작조차 두려워하는 루저였다. 나는 나를 뒷바라지할 생각조차 하지 않고 있었다. 뱃가죽 아래서 뭔가가 꿈틀거리기 시작했다. 처음엔 지렁이 같은 것이 움직이나 싶더니 곧 뱀장어가 되어 온몸을 돌아다녔다. 전기에 감전된 것 같았다.

『인생의 태도』라는 책이 생각났다. 얼른 띠지가 붙여진 곳을 폈다. '일이 이뤄진다고 믿으면 기회를 볼 수 있지만, 믿지 않으면 장애물만 보인다. 자신감의 필수 요인은 행동하는 것이다. 만일 자존감이 낮다고 생각하면 자리에서 일어나 자신을 조금이라도 괜찮게 느낄만한 일을 해보세요. 그러고 나서 그 일을 하고 또 해보세요. 얼마 지나지 않아 자신에 대한 믿음이 생겨날 겁니다. 긍정적인 자아상의 근간은 자신감'이라고 했다.

아이 둘을 낳은 엄마가 뭐가 그토록 두려울까? 스무 살 딸아이처럼 용기 내어보기로 했다. 지금이 내 꿈에 도전해볼 가장 적절한 시기인지 모른다. 설사 글이 형편없어 출판되지 못한다고 하더라도 내 꿈을 위해 도전했던 흔적이라도 남기면 된다 싶었다. 지금부터 인생 후반은 날 위한 삶을 살기로 했다. 이제 시작이다! 인생 제2막 나의 꿈을 위하여 축배를 들자! 브라보!

02

이제 내 인생이 먼저입니다

갱년기는 인생의 전환점이었다. 수첩을 펴고 스무 살의 나로 돌아가 버킷리스트를 적어보기로 했다. 근데 막상 적으려니 아무것도 쓸 수 없었다.

한 번도 내 인생을 먼저 고민해본 적이 없던 삶이었다. 이루어질 꿈은 꿈이 아니라고 했던가? 그래 이룰 수 없을 것 같은 아니 막연히 생각했던 것을 리스트로 작성해 봐야겠단 용기가 필요했다.

버킷리스트 1. 작가 되기

저질러버렸다. 까짓것 안 돼도 그만이라고 하는 생각으로 볼펜으로 종이에 갈겨버렸다. 속이 시원하기는커녕 겁이 났다. 쉽게 이루어지기는 당연히 힘들고 어려운 일일 테다. 고3이 서울대를 가는 것만큼 힘들지 않을까 싶지만, 적어도 꿈을 이루려면 그 정도의 노력은 감수해야 한다 생각했다. 아직 기회가 있다는 것만으로도 가슴 설렌다. 미리 겁먹고 포기하지 않을 것이다. 산전수전 다 겪은 이 마당에 못 할 게 뭐가 있을까? 책을 출판하고, 저자 강연회를 하고, 가족과 지인들을 초대해 북 콘서트를 하는 상상만으로도 입이 귀에 걸렸다. 그래 오늘부터 내 버킷리스트와 1일이다!

버킷리스트 2. 나만의 보금자리 갖기

'나이가 몇 살인데 자기 집 하나 없어?'라고 할 수 있겠지만, 부모님 도움 없이 시작해서 지금까지 온전히 내 힘으로 하나씩 모든 걸 장만해왔다. 더는 전세로 이집 저집 이사 다니지 않고 내 힘으로 장만한 내 집에서 손자 손녀에게 용돈 팍팍 주는 능력 있는 할머니가 되고 싶다.

버킷리스트 3. 아이들과 함께 멋진 드레스 입고 가족사진 찍기.

살면서 꼭 하고 싶었던 일이 결혼 20년 후 리마인드 사진 찍기였다. 결혼식 때 야외촬영을 못 해 스무 살의 가장 젊고 예뻤던 내 모습을 담아두지 못한 것이 항상 마음에 남아 있었다. 마흔을 넘어가는 지금의 내 모습을 가장 예쁘게 꾸며 담아두고 싶다. 오늘이 가장 젊은 날이지 않은가!

버킷리스트 4. 비즈니스석 타고 파리에 교환 학생으로 가 있는 딸 만나러 가기.

비즈니스석은 보통 일반석의 7배 가격이라고 한다. 비즈니스석 이용고객에게는 수화물 추가 이용, 라운지 및 비즈니스 클래스 카운터 이용, 항공기 우선 탑승 서비스가 제공된다. 몇 시간의 비행에 비싼 돈을 주고 비즈니스를 탄다는 게 처음엔 이해가 안 됐지만, 한 번쯤은 부자가 된 것처럼 넓은 공간에서 특별 대접을 받으며 편안한 여행을 해보고 싶다. 열심히 살아온 나에게 상으로 주고 싶은 최고의 휴식이다. "열심히 산 당신 떠나라! 비즈니스석에 타고 프랑스 파리로!!"

버킷리스트 5. 혼자만의 여행.

바다가 보이는 좋은 호텔에서 돈 걱정 없이 호텔 룸서비스로 와인을 주문하고 싶다. 방안에서 스파를 즐기며 와인 한잔과 함께 해질녘의 노을을 감상할 것이다. 해가 뜨는 창 너머의 바다를 하염없이 바라보며 따뜻하고 행복한 아침을 맞이한다. 바닷가 모래사장을 맨발로 하염없이 걸어가며 지나온 내 인생의 발자국을 바닷물에 쓸려 보내고 싶다.

희망을 품고 산다는 것은 삶을 행복하게 만들어준다. 인생 후반의 버킷리스트, 그것만으로도 기분이 좋아졌다. 진정으로 내가 원하는 것과 해보고 싶은 일에 대해 생각해볼 수 있는 좋은 기회였다.

돌아가신 친정 엄마가 항상 강조하신 건 두 가지였다.

첫 번째는, "젊어서 하고 싶은 거, 먹고 싶은 거, 놀고 싶은 거, 다 하고 살아라. 아등바등 살아봤자 몸이 아프면 다 소용없다." 친정 엄마는 젊어서 고생만 하고 결국에는 지병으로 돌아가셔서인지 항상 건강을 먼저 챙기고 젊어서 놀라고 노래를 부르셨다.

두 번째는, "인생에는 3번의 기회가 온다."였다. 그 기회를 잡느냐 놓치느냐에 따라 인생의 풍족함이, 인생의 반전이 일어날 수 있다 했다. 엄마는 그 3번의 기회에서 2번의 기회를 잡으셨다고 했다. '기회는 준비된 자의 것이다'라는 말처럼 준비되어 있을 때만 기회를 잡을 수 있고, 인생도 바꿀 수 있다. 때론 과감하게 도전해보아야 한다. 설령 결과가 좋지 않더라도, 시도하지 않으면 기회조차 없는 것이다.

버킷리스트를 작성해보니 인생의 방향이 보였다. 내 인생은 온통 핑크빛이었다.

03

4인 4색 갱년기

이른 폐경 때문에 큰언니 작은언니와 갱년기를 함께 겪게 되었다. 큰언니는 말기, 작은 언니는 중기, 나는 초기였다. 다행히 네 자매는 엄마가 돌아가신 후, 서로의 엄마가 되어주었다. 물론 아무도 그녀를 대신할 순 없었지만, 때론 친구처럼, 남편처럼, 그렇게 서로의 빈 곳을 채워주고 보듬으며 달콤한 자매들이 되었다. 주말이면 누가 먼저라 할 것 없이 '사우나 가자'란 톡과 함께 서로의 등을 맡겼다. 그날도 사우나에서 아이스커피를 마시며 중력을 거스를 수 없는 덩이들에게 무심한 눈길을 보내고 있었다. 갱년기에 막 접어들었을 무렵이었다. 몸이 너무 힘들다고 하소연을 하는 내게 갱년기 고학년인 큰언니가 탕에서 벌떡 일어나더니 이렇게 외쳤다.

"제주도 가자. 갱년기 여행이야."

갱년기 저학년인 작은언니도 좋은 생각이라고 "아무 생각, 아무 걱정 하지 말고 떠나자!" 맞장구를 쳤다. 늦게 아이를 낳아 한창 육아 스트레스를 받고 있던 동생도 기다렸다는 듯이 "무조건 Go!"를 외쳤다. 윤 자매 4인방이 제주도로 날랐다. 이름하여 '갱년기 기념 여행' 늘 그렇지만 여행은 떠나기 전이 더 큰 설렘과 기쁨을 준다. 여행에서 입을 옷을 정했다. 첫날은 공항 패션, 둘째 날은 둘레 길에 어울릴 청바지랑 운동화, 셋째 날은 바닷가 산책과 어울리는 원피스였다. 이렇게 드레스 코드를 맞추고, 준비물도 최소화해 여행 코스를 짰다. 가족 여행으로 아이들과 함께 갈 때와 다르게 우린 '뭘 입고, 뭘 먹고, 뭘 할지'만 생각했다. 휴식과 힐링이 목적이었다.

나름대로 공항 패션을 뽐내며 일상을 떠나 제주도로 날아갔다. 집을 떠나 먼 곳에 왔다는 것만으로도 자유롭고 행복했다. 출구에서 공항 패션 기념사진을 찍었다. '누가 가장 예쁘게 나왔는지?'가 중요한 게 아니라 '얼굴이 작게 나왔는지? 다리가 길게 나왔는지'였다. 그렇게 사진을 찍다 보니 사춘기 소녀들처럼 설렜다. 갈치조림이 유명한 식당에서 밥을 먹고, 애월읍의 전망 좋은 커피숍에 자리를 잡았다. 본격적인 사진 촬영이 시작되었다. 각자 셀카를 찍어본 곳 중 좋은 자리에 서로를 모델로 세우며 촬영을 했다. 각자가 마음에 드는 사진이 몇 컷 정도 나오고 나서야 촬영을 잠시 멈출 수 있었다. 제주도의 아름다운 경치를 담고, 그 속에 내가 있음을 증명이라도 하듯 잘 나온 사진을 주위 친구들과 가족에게 공유했다. 누가 봐도 보정 어플의 힘이었지만 사진 속 주인공들에겐 더 강력한 힘이 생기고 있었다. 예쁘게 치장하고, 제주도의 맛집을 찾아 맛있는 것을 먹고, 전망 좋은 커피숍 가서 수다 떨고, 올레길도 걸었다. 먹고 또 먹었다. 우리는 제주도 맛집 투어를 목적으로 온 사람들처럼 먹으면서 행복해했다. 갱년기엔 조금만 먹어도 살이 찌는데 특히 뱃살만 찐다. 갱년기 고학년인 큰언니가 우리에게 마법의 알약을 주었다.

"밥 먹고 이거 먹으면 탄수화물이 지방으로 합성되는 것을 막아 체지방 감소에 도움을 준대."

그러자 갱년기 저학년 작은언니가 초록 젤리를 주었다.

"이것도 같이 먹자. 체지방 감소에 도움을 준대."

그뿐 아니라 우린 서로가 챙겨온 유산균, 오메가, 비타민, 영양제 등을 공유하며 약까지 배부르게 먹었다. 마법의 알약과 젤리의 도움으로 먹어도 살이 안 찐다는 주문을 걸고 음식을 즐길 수 있었다. 숙소에 들어와 마사지를 받고 누워있으면 누군가가 말한다.

"왠지 좀 출출하지 않아?"
"치맥 땡기지?"
"헐, 또 먹어?"
"우리에겐 마법의 알약이 있잖아?"
"하하하!"

우리는 그렇게 매일 밤 배달의 여왕이 되었다.

갱년기 여행의 하이라이트는 바람 부는 마라도 갈대밭이었다. 장난꾸

러기 일곱 살 소년처럼 바람을 가르며 갈대밭을 신나게 뛰어다녔다. 남들 눈은 의식하지 않은 채 웃고 떠들었다. 돌아가면서 한 사람만 카메라의 주인공으로 만들어주는 몰아주기를 했다. 한 사람은 꽃이 되었고 나머지 3명은 광대가 되었다. '누가 더 나잇값을 못 하나?' 내기라도 하듯 우린 마음속 소녀 감성을 마음껏 뽐내며 행복해했다.

우리 자매들은 색다른 갱년기를 보내고 있다. 큰언니는 시부모님을 모시고 살면서 갱년기 때 급격한 우울증을 겪었다. 그 덕분에 분가할 수 있었고, 분가 후 신혼살림을 하는 것처럼 부부관계도 좋아졌다. 요즘은 급격히 증가한 뱃살 때문에 다이어트를 하고 있다. 작은 언니는 자주 과다출혈이 있었다. 생리 양이 엄청 많고 배가 아팠다. 생리 간격은 늘어나고 생리 날짜는 줄어들었다. 자궁에 큰 문제가 생긴 줄 알고 산부인과에서 모든 검사를 다 해봤지만 아무 이상은 없었다. 지금은 조금 나아졌지만 몇 개월에 한 번씩 과다 출혈이 생기면 무섭기도 하고 겁이 난다고 했다. 나 같은 경우에는 심한 건조증이 문제였다. 특히 얼굴이 심하게 건조해졌고, 밤이면 열이 나고 식은땀이 났다. 열이 날 때면 온몸이 가렵고 불면증으로 이어져 힘들었다. 같은 엄마 배에서 태어났지만, 딸들의 갱년기 증상은 다 다르게 나타났다.

윤 자매 4인방의 갱년기 기념 여행은 여고생들의 수학여행 같았다. 갱년기라고 우울해하거나 힘들어하지 말고 피할 수 없다면 즐기자! 친구나 형제자매, 가족에게 도움을 청하자. 마음 맞는 사람과 갱년기 기념 여행을 떠나보길 바란다. 잠시 일상을 떠나 탁 트인 공간으로 떠난다면 몸도 마음도 잠시 쉴 수 있을 것이다.

04

로망을 이루는 가장 간단한 방법

언젠가 〈응답하라 1998〉이라는 드라마에서 엄마(라미란)가 며칠 집을 비운 후 돌아왔다. 남편(김성균)과 두 아들(정봉, 정환)은 엄마가 없어도 너무 잘 지냈다. 냉장고 음식을 다 챙겨 먹고, 깨끗이 집 안 청소까지 했지만, 엄마는 자기 설 자리를 잃어버렸다는 듯 우울해했다.

갱년기를 겪는 엄마들의 마음이 다 이렇지 않을까? 자식들이 엄마를 너무 찾아도 귀찮지만, 막상 필요 없는 존재가 된다는 것에도 몹쓸 허무

함을 느낀다. 갱년기를 겪으면서 나 또한 아이들에게 관심받고 싶었고 투정 부리고 싶었다. 사랑을 확인하고 싶은 마음에 계획을 세웠다. 일명 '안마 의자 프로젝트.'

안마 의자를 갖는 게 내 로망이었다. 친구 집에 갈 때마다 거실 소파 옆에 떡하니 버티고 있는 근사한 안마 의자가 내심 탐났지만, 덜컥 사자니, 가격이 만만치 않았고, 혼자 쓰려고 렌탈을 하려니 가성비가 신경 쓰였다. 하지만, 갱년기로 힘든 시간을 보내고 있는 나에게 안마 의자를 선물해주고 싶었다. 아침마다 통나무처럼 뻣뻣해지는 몸에, 밤마다 불면증과 열감으로 잠 못 이루는 날 생각하니 안마 의자가 딱이었다.

그래 결심했어! 안마 의자를 사는 거야, 대신 아이들에게 생일선물로 받아내자. 지금껏 살면서 아이들에겐 학원비, 최신형 휴대폰, 명품 옷과 신발 등 뭐든 최고로 해줘도 아까워하지 않았잖아? 날 위한 안마 의자 하나쯤은 무조건 괜찮은 거야! 날 위한 선물을 고르는 데 익숙지 않아 자꾸만 자기 합리화의 주문을 걸었다.

안마 의자 받아내기 프로젝트 계획은 다음과 같다.

1단계, 아들에게 온몸이 붓고 아프다고 최대한 불쌍한 척 자주 호소하며 "아들, 엄마 다리 좀 주물러줘! 어깨 좀 주물러 줘!"라며 자꾸 귀찮게 한다.

2단계, 미리 안마 의자 판매장을 둘러보고 여러 브랜드 안마 의자를 직접 체험하며 가성비를 따진다. 적당한 가격 선에서 나에게 가장 잘 맞는 안마 의자 모델을 선택한다. 할인이나 이벤트가 언제쯤 있는지도 미리 체크해둔다.

3단계, 아이들 주머니에 돈이 있을 때를 노린다. 다행히 내 생일은 추석 지나고 이틀 후라 이 시기는 아이들 주머니가 두둑할 때다. 그뿐인가 보너스로 추석 명절엔 부모님께 효도 선물을 하라고 안마 의자 상품들이 앞다투어 홈쇼핑에서 이벤트나 할인 행사를 진행한다.

4단계, 선물은 타이밍이다. 명절이라 딸아이도 서울에서 내려오고, 우리 가족이 모인다. 아이들이 좋아하는 치킨을 시키고 분위기가 고조 되었을 때 자연스럽게 이야기를 꺼낸다.

"엄마가 안마 의자를 사고 싶어, 영미 이모 집에 있는 안마 의자를 하고 나면 땀이 쫙 온몸이 진짜 개운해 그렇게 시원할 수가 없어!"

"그래? 엄마, 그럼 엄마도 안마 의자 하나 사는 거 어때?"

엄마라면 끔찍한 우리 딸이 바로 낚인다.

"엄마가 알아보니까 한 달 비용이 5만 원 정도 하더라고, 엄마 생일선물로 하나 살까?"

"우리가 명절에 받은 돈 있으니까 반반 부담해서 엄마 생일선물로 하나 해줄게!"

안마 의자 프로젝트는 치밀한 계획 아래 너무 쉽게 성공했다. 아이들은 매년 내 생일에 1년 치 렌탈료를 모아 주기로 했다. 이번 생일에 60만 원을 선물로 받았다. 그냥 내 돈으로 렌탈을 해도 되는 일이지만 돈보다 아이들의 관심과 사랑이 받고 싶었다. 아이들이 성장하며 사춘기를 보낼 때 엄마로서 최선을 다해 사랑으로 보살폈다. 몸에 사리가 몇백 개는 나올 테다. '참을 인'자를 가슴에 품고 산 세월이 어언 24년이다. 이제 그 세월에 대한 보상을 받고 싶다. 내리사랑은 있어도 치사랑은 없다고 했던가, 조금 치사해도 이제는 치사랑을 받으며 살아가고 싶다.

돌아가신 친정 엄마가 생각났다. 친정에서 밥을 먹는데 내가 생선살을 열심히 발라서 아이들 밥 위에 올려주는 걸 한참 보시더니 "너네 엄마도 생선살 좋아한다!" 하시며 내 밥 위에 생선살을 올려주셨다. 그러면서 엄마는 한 이야기를 들려주셨다.

옛날에 귀하게 얻은 자식이 있어 생선을 사면 그 엄마는 살은 다 자식에게 주고, 자기는 생선 대가리만 먹었다고 한다. 그걸 보던 아들이 엄마에게 이렇게 물었다.

"엄마, 생선 대가리가 맛있어?"

엄마는 아들에게 한 점이라도 생선살을 더 먹이고 싶은 마음에 "엄마는 살 안 좋아해. 생선 대가리 좋아해. 많이 먹어."라고 했단다. 효성 지극한 아들은 커서 장가를 갔고 매년 엄마의 생일상엔 생선 대가리를 가득 차려주었다고 한다.

누구나 한 번쯤은 듣고 웃어넘겼을 얘기지만 엄마는 이 이야기를 내게 해주시며 어릴 적부터 자식에게 부모를 위하는 마음을 가르치라고 하셨다. 엄마도 맛있는 거 좋아하고, 먹을 줄 안다고 말하고, 맛있는 거 있으면 먼저 먹고, 자식은 그다음에 챙겨주라고 하셨다. 정작 본인은 항상 자식을 먼저 챙기셨으면서, 막상 딸이 그렇게 사는 모습은 보기 싫으셨나 보다. 순간 너무 죄송한 마음이 들었다. 엄마 숟가락 위에 생선살을 먼저 올려드렸어야 했는데. 나도 내리사랑만 받는 자식이었다. 아이들에게 '엄마는 괜찮으니까 너희 많이 먹어!'가 아니라, 맛있는 음식이 있으면 부모님 먼저 챙겨 드릴 줄 아는 마음부터 가르쳐야겠다.

매번 아이들 생일엔 생일상과 선물을 잘 챙기면서, 내 생일은 크게 챙겨주지 않아도 괜찮다, 괜찮다 했었다. 자식에게 있는 그대로의 마음을 표현해야 한다. 표현하지 않아도 내 맘 알아주겠지? 절대 아니다, 뒤돌아서서 혼자 아무리 서운해 한들 자식들은 모른다. 나도 부모님께 그랬고, 내 자식 또한 그럴 것이다. 그냥 당당하게 내가 원하는 걸 요구해야 한다. 그럴 때 더 행복한 부모와 자식 관계가 될 수 있다.

"엄마도 이런 생일선물 받고 싶어. 미역국은 조개 넣고 끓여 줘!"

가끔은 모든 선택의 기준을 나로 잡아도 된다. 내가 먼저 행복해야 가족이 행복하다.

05

남편의 갱년기를 대하는 그녀의 자세

갱년기는 자식을 낳을 수 있는 기능을 반납하는 대신, 자신을 다시 태어나게 하는 능력을 얻는 것이다. 이때는 남편, 자식과 함께하는 시간보다 자기를 공감해 주고 배려해주는 친구와 함께하는 시간에 더 행복을 느끼며 이 행복은 갱년기 여성에게 가장 필요한 세로토닌을 만들어 준다.

반면 남자들은 남성 호르몬(프로테스로 겐)이 감소하면 '귀소 본능'처럼 가정으로 돌아와 집에서 시간을 보내며 쉬고 싶어 한다. 주위 언니들이 남자 나이 50이 넘어, 힘 떨어지면 다 집으로 돌아온다는 말이 조금은 맞는 것 같다. 젊었을 때는 일 한다고 바빠서 밖으로만 돌다가 나이 들고 체력 떨어지면 집에 들어와 일일드라마 보며 눈물을 흘리고, 온갖 간섭을 하는 잔소리꾼이 된다.

여자들은 애들 다 키워놓고 이제야 자기 일과 시간을 갖고 싶어 하는데, 남자들은 성욕 감소, 피로감, 우울증 등을 하소연하며 집에서 쉬려고 한다. 젊었을 때부터 많은 시간을 함께 보내고 부부관계가 좋았던 사람들은 이 시기에 더 끈끈한 부부간의 정을 쌓는다지만, 그렇지 못한 경우는 부부싸움으로 번지기 쉽다.

형부는 말이 없고, 자기 일만 열심히 하는 성실한 사람이다. 술을 좋아해서 매번 친구들과의 술자리 때문에 언니랑 자주 싸우곤 했는데, 남자 갱년기를 겪으면서 전혀 다른 사람이 되었다. 형부의 달라진 점을 살펴보면 첫째, 급격히 피곤함을 호소했다. 그렇게 좋아하던 술자리를 마다하며 '땡 집 돌이'가 되었다. 챙겨줘도 안 먹던 홍삼이나 비타민을 먼저 챙겨 먹는다. 음식이 맛있는 줄 모르겠다며 먹기 위해 사는 우리와 달리 살기 위해 먹는다던 형부였다. 둘째, 말이 없던 형부가 드라마를 보며 눈물을 흘리고, 사사건건 잔소리 대장이 되었다. 셋째, 무뚝뚝하기만 하던 형부가 생일이나 기념일에 깜짝 이벤트를 준비해서 언니를 감동하게 한다. 넷째, 언니와 무엇이든 같이 하고 싶어 하고, 가끔은 장을 봐서 요리한다. 다섯째, 조울증처럼 작은 일에도 예민하게 화를 내고, 짜증을 낸다.

언니는 이런 형부를 처음엔 도통 이해 못 하고 혼자만 힘든 걸 내색한다고 생각했다. 그러다 홍삼이나 비타민을 먼저 챙겨 먹는 형부를 보며 측은한 생각이 들었다. 여자들은 '나 갱년기야 힘들어!'라고 가족이나 친구들에게 하소연할 수도 있지만, 남자들은 다르다. 속마음을 누구한테 시원하게 털어놓을 사람이 없다. 몸은 지쳐 피곤한데 집에 오면 갱년기 언니와 사춘기 중2 아들은 치열한 전쟁을 치르고 있다. 갱년기 초반에는 각자의 고통과 감정만을 내세우며 힘든 시간을 보냈지만, 시간이 지나면서 동병상련의 마음으로 함께 극복할 수 있는 방법을 찾았다. '여자는 나이가 들면 첫째도 친구, 둘째도 친구, 셋째도 친구인데 남자는 나이가 들면 첫째도 마누라, 둘째도 마누라, 셋째도 마누라'란다.

언니 부부가 갱년기를 같이 극복하기 위해 시작한 일은 골프 연습장

등록이었다. 건강을 위해서이기도 했고, 코로나 시국에 할 수 있는 유일한 운동이자 놀이였기 때문이다. 또한 공통의 취미나 관심사를 만들어보라는 주변의 조언도 있었다. 골프는 부부가 같이 할 수 있는 운동이었고 스크린 골프는 적은 돈으로 시간을 보낼 수 있어 좋았다. 언니는 그렇게 형부랑 같이 1+1로 갱년기를 극복 중이다.

1+1은 갱년기를 가장 건강하게 보내는 방법이다. 나는 다행히 제일 친한 친구랑 갱년기를 같이 겪게 되었다. '나 어젯밤에 자다가 열나고 땀나고 더워 죽는 줄 알았어.'라고 하면 친구는 '나는 이제 내성이 생겨서 또 열감이 오네, 땀이 나네.' 하고 치운다고 했다. 친구 집에 가면 가을인데도 민소매 원피스에 얇은 조끼 패딩 차림이다. 열이 올랐다 내렸다 해서 열이 오르면 조끼 패딩을 벗고, 땀이 식으면 추워서 바로 입는다는 친구의 말에 누구보다 그 마음을 잘 알기에 동지가 될 수밖에 없었다.

누가 먼저라 할 것 없이 우린 만나면 서로의 아픔을 자랑하듯 털어놓고 하소연했다. 아침에 일어나면 손과 발이 차고, 손가락이 안 움직인다는 나에게 친구는 한술 더 떠서 자기는 손가락뿐만 아니라 허리도 안 펴지고, 무릎도 아프다며 할머니도 이런 할머니가 없다며 그래도 우리는 할머니 치곤 너무 곱지 않으냐고 너스레를 떤다. 현실을 농담으로 승화하며 이겨낸다. 누군가에게 마음을 털어놓고 공감받는 것만으로도 치유가 된다. 백지장도 맞들면 낫다고 하지 않던가. 이 시기를 잘 이겨내는 방법은 누군가와 함께하는 것이다. 누구랑 1+1이 되면 좋다. 가만히 앉아서 이 고통의 시간이 지나가기를 기다리기만 할 수는 없다. 오히려 슬기롭게 이겨내서 인생의 후반전을 위한 재충전의 기회로 삼아야 한다. 하나 보다 둘이면 좋고, 둘보다 셋이면 더 좋지 않을까? 갱년기엔 짝꿍이 최고다.

06

인생의 골든 타임이 오고 있다는 확실한 증거

상승 곡선만 타는 주식이나 코인은 없다. 조정 없이 상승세를 타면 오히려 언제 떨어질지 알 수 없어 더 불안하기에 투자자들은 차라리 큰 조정이 오면 좋다고 한다. 급락이 있으면 급등이 있다. 오히려 가장 밑바닥으로 떨어져 바닥을 다지고 다져야 큰 반등을 기대할 수 있다.

아무런 예고 없이 내 인생에도 급락이 왔다. 친구가 투자한 돈의 10%를 매월 이자로 1년 동안 받아왔다며, 여유자금 있으면 조금만 투자를 해보라고 권유했다. 처음엔 작은 돈의 10% 이자가 들어오는 게 신기했다. 나의 욕심은 갈수록 커져갔고 대출까지 받아 투자를 하게 되었다. 욕심이 화를 부른다고, 1년 정도 아무 문제 없이 들어오던 이자가 들어오지 않았다. 사기를 당한 것이다. 그야말로 아침드라마 여주인공 신세가 되었다. 심각한 우울증으로 약물치료와 상담을 받았다. 내 욕심의 결과는 내가 감당해야 했다. 내가 할 수 있는 수업은 다 잡았다. 주말 수업도 마다하지 않았고, 심지어 늦은 밤 개인 방문 수업까지 하루 9시간 이상 수업을 했다. 일과를 마치고 집에 들어올 때면 불 꺼진 내 방 창을 바라보며 하염없이 울었다. 앞이 보이지 않는 무서운 밤들의 연속이었다. 울다 지쳐 잠이 들 때면 아이유의 〈무릎〉을 들으며 엄마 생각을 했다. 밑바닥 인생이었다. 하늘도 가혹하다 싶으셨는지 다행히도 건강을 가져가진 않으셨다. 살아보겠다고 산 게 아니라 버티다 보니 살아진 인생이었다.

'내가 잘못한 게 뭔가요? 저는 그냥 최선을 다해 열심히 살았어요. 도둑질이나 남에게 나쁘게 하며 산적도 없는데 나에게 왜 이런 시련을 주시나요? 저 좀 도와주세요!'

절에 가서 부처님께 맨날 따지며 울부짖었다. 부처님께 따지러 가는 횟수가 줄어들었고 삶이 조금씩 안정되어간다고 생각했다. 아이들도 맘을 잡고 자기 길을 준비하며 살고 있다. '그래, 열심히 잘하고 있어, 그 힘든 고비 다 버티고 살아 내느라 많이 힘들었지?, 고생했어!' 나에게 등 두드리는 순간 갱년기가 왔다. 마음이 아팠던 시간이 조금 괜찮아지나 싶었는데 이젠 진짜 온몸이 아팠다. 손가락은 통나무 같았고, 허리 무릎에선 기름칠 안 한 철통처럼 삐걱삐걱 소리가 났다. 얼굴은 수시로 홍당무가 되고, 몸에서는 열이 오르고 속에선 천불이 났다. 밤이면 갑자기 온몸에 식은땀이 났다가 금방 식어버리곤 했다. 머리카락은 한 올 한 올 옥수수수염이 되어갔고, 피부는 마른 가뭄의 논바닥 같았다. 이마와 눈가엔 티 나게 주름이 늘고, 뱃살은 무엇으로도 가릴 수 없었다.

관절 마디마디 통증이 심해서 처음엔 자가 면역계 질환이 다시 발병한 줄 알았다. '그래 올 것이 왔구나. 그동안 괜찮았던 것만도 다행이지.' 생각했다. 병원에 가서 혈액검사와 면역계 검사를 했을 때 수치에 아무 이상이 없었다. 갱년기를 먼저 겪은 언니들이 이유 없이 온몸이 아프다고 했는데, 온몸 구석구석 안 아픈 곳이 없었다. 지독했다. 갱년기 증상은 한번 심하게 앓고 지나가는 독감이 아니다. 처음 겪을 땐 너무 힘들었다. 조금 괜찮아지는가 싶으면 또 나타나고, 내성이 생기는 것 같다가도 심한 통증이 다시 찾아왔다. 나아지길 바라기보다는 그저 시간이 지나가길 기다리는 수밖에 없었다. 그러다 보면 조금씩 아픈 기간이 짧아진다.

평지처럼 보이는 길도 오르막이 있고 내리막이 있다. 한없는 내리막도 없고 끝나지 않을 것 같은 오르막도 없다. 주식도 그렇고 인생도 그렇다. 인생의 급락이 왔고, 조금 상승하는 것 같았는데 다시 조정이 들어왔다. 이 바닥을 치고 올라서야 한다. 이 시기만 잘 버티면 또 인생의 황금기다. 잘하고 있다! 시쳇말로 존버 정신! 끝까지 버티는 자가 승리한다고 하지 않았던가. 아무리 현타가 오더라도 조금만 더 지금처럼 버티며 골든타임을 위해 손을 흔들어본다. 이왕 올 거 조금만 더 빨리 오라고 손짓해본다.

07

나와 친구가 되겠습니다

생리를 몇 달 안 해도 그럴 수 있다고 생각했다. 몸이 조금 아파도 나이가 드니 그러려니 했다. 자가면역 질환 증세가 있어도 암이 아니어서 다행이다 생각했다. 하지만 나에게 일어나는 모든 문제가 사실 갱년기 때문이라는 걸 알게 되자, 뒷목이 뻐근하니 눈이 튀어나올 것 같았다. 또 한 번, 사기당한 기분이었다.

갱년기를 인지하지 못했을 때는 모든 게 괜찮았다. 허리나 무릎이 아프면 내가 '어제 조금 무리했나?', 몸이 조금 건조해도 '겨울이라 그럴 수 있어!', 얼굴에 열이 나면 '혈압이 조금 높은가?' 하고 대수롭지 않게 생각했지만 더는 그럴 수 없었다. 식은땀이 나면 '갱년기라 식은땀이 나는 거야! 너 늙었어!'라고 얘기하는 것 같았다. 무릎이 아플 때면 '갱년기라서 그래. 너 조만간 골다공증 올 수 있으니 조심해!' 하는 환청이 들렸다. 옛말에 '알면 병이고 모르면 약이다.'라는 말을 새삼 실감했다. 조금 우울하면 갱년기 우울증, 몸이 가려우면 갱년기 건조증, 잠이 오지 않으면 갱년기 불면증 등. 갱년기에 대한 부정적인 감정들로 가득 차 있으니 모든 것을 부정적으로 바라보게 되었다.

이른 갱년기를 겪게 된 원인이 다 세상 탓이라 생각했다. 힘들게 살 수밖에 없도록 만든 한풀이 대상을 찾았다. 모든 부정적인 감정들이 몸과 마음을 아프게 했고 갱년기라는 늪에 점점 빠져들었다. 몸도 마음도 물먹은 솜 같았다. 기분 나쁘게 몸이 늘 무겁고, 푹 쉬어도 개운하지 않았다. 온몸이 맥을 못 추고 덜덜 떨렸다. 사계절 내내 몸살감기를 달고 사는 것 같았다. 하루에도 열두 번도 더 오르락내리락하는 내 감정을 통제할 수 없었다. 이러다간 정말 내 영혼이 다 피폐해질 것 같아 정신과에 가볼까도 했지만 항우울증, 약을 먹고 혼미한 정신으로 잠만 자고 싶지 않았다. 정신과 우울증 치료의 부작용을 누구보다 잘 알고 있기에 내과에서 비타민 주사를 맞고 수면제 처방을 받았다. 며칠 수면제를 먹고 푹 잠을 잤더니 그나마 몸의 컨디션이 조금 회복되는 것 같았다.

생각의 전환이 필요했다. 부정적인 감정이 들 때 그 상황을 어떻게든 긍정적으로 바꿔보기로 했다. 우울한 기분이 들면 '기분 전환이 필요하구나? 여행 가고 싶어?'라며 나에게 물었다. 몸이 건조하면 '너 지금 갈증 나는구나?', '커피 좀 줄이고 허브차 마시자.' 관절이나 온몸이 아프면 '운동 좀 하라고?', '오늘 날씨 좋으니까 산책하자.' 이러면서 혼자 묻고 답하기를 반복했다. 몸과 대화를 하면서 어린아이처럼 내 몸을 달래주며 조금씩 협상했다. 내 몸이 원하는 게 뭘까? 하루에도 몇 번씩이고 같은 질문에 다양한 대답을 하기 시작하면서 삐걱대던 몸이 부드러워지기 시작했다. 녹이 벗겨지고 있음을 느꼈다.

HAPPY WOMEN'S DAY

4장

여자 리셋으로 당당하게 갱년기

01

마음 리셋 : 똥 빼기 한번 해보실래요

나와의 대화와 협상을 통해 조금씩 몸도 마음도 안정을 찾고 있었다. 이젠 꿈을 향해 새롭게 도전할 시간이다. 몸도 마음도 새롭고 뜨겁게 리셋을 외치고 있었다.

첫 번째 도전으로 마음의 리셋이다. 지나온 내 삶을 뒤돌아보고 안 좋았던 일들은 과감히 떠나보내기로 했다. 좋았던 일들로 긍정의 에너지를 채워갔다. 치유의 글쓰기를 통해 힘들었던 마음을 재정비했다. 온전히 나 자신을 이해하고 찾을 수 있는 시간이었다. '나는 누구일까?'라는 질문 끝에 외롭고 가엾은 한 소녀가 있었다. 자식에게 아낌없이 주는 나무였고, 남편을 하늘처럼 떠받드는 아내였다. 어릴 적 외롭고 힘들었던 기억이 내가 오직 남편과 자식이 전부인 양 살게 했다. 나는 없고 누구의 아내, 아이들의 엄마만인 존재로 남아 있었다. 그것이 행복인 줄 알았고, 현모양처가 되는 것을 꿈꾸며 살았지만, 최선은 아니었다. 큰아이를 대학에 보내며 대학원에 입학했다. 나를 성장시켜야 했기에 우울증 치료 후 밖으로 나와 사람과의 만남을 시도했다. 새롭게 공부를 시작한다는 것이 설렜지만 공부에 손을 놓은 지 오래라 토론식 수업은 어색했고, 컴맹이라 과제는 어려웠다. 모든 걸 새롭게 배워야 했기에 모르는 것은 딸아이에게 계속 물어보며 며칠을 고생해 과제를 제출할 수 있었다. 그 과정을 옆에서 다 지켜보던 딸은 이렇게 말했다.

"엄마가 아빠랑 우리만 바라보고 뒷바라지하며 살 때는 '절대로 엄마처럼은 안 살아야지.' 하고 생각했었는데, 엄마가 대학원을 가고 자신의 인생을 위해 노력하는 모습을 보면서 엄마처럼 살고 싶다고 생각했어, 난 엄마가 자신을 위해 뭔가를 할 때 가장 행복해 보여, 그니까 이제 엄마 인생을 살았으면 좋겠어."

누구보다 날 걱정하고, 생각해 주는 딸아이의 눈 속에 현모양처가 되고자 했던 내 삶은 결코 행복해 보이지 않았던 것이다.

치유의 글쓰기는 나를 찾아가는 나침반이었다. 아무도 보지 않는 일기장에 나의 이야기를 담았다. 내 인생의 희로애락을 적으며 펑펑 울기도 하고, 웃기도 하며 정신없이 글을 써 내려갔다. 처음엔 쓸 내용이나 있을지 걱정하고, 나 글쓰기 정말 못 하는데 싶었지만, 쓰다 보니 내 안에 이렇게 많은 이야기가 있었나 하고 놀랄 정도였다. 멋진 문장이 필요한 것도 아니고, 누가 볼까 걱정할 필요도 없었다. 그냥 나의 이야기를 쓰기 시작했다. 우리 가족, 나의 어린 시절, 나의 첫사랑, 내가 좋아하는 음식, 친구, 음악, 산, 장소, 책, 운동 등 밤을 꼬박 새우며 치유의 글쓰기를 하고 나니, 기분이 맑아졌다. '내가 좋아하는 음식은 이거였구나!, 내가 좋아하는 장소는 이곳이었어!, 이런 일 때문에 내가 행복하고 아팠구나!' 모든 중심을 나에게 맞췄다. 나도 몰랐던 나를 알 수 있는 행복한 시간이었다. '나 참 괜찮은 사람이네!, 열심히 살았구나! 잘하는 게 이렇게 많았어?' 자존감이 올라갔고 내 모습이 사랑스럽게까지 느껴졌다. 뭐든 다른 사람에게 맞추기 바빴고, 타인의 시선에 전전긍긍하며 살았던 그 많은 시간과 당당히 이별했다.

갱년기를 겪는 모든 사람이 치유의 글쓰기를 통해 자신을 찾아가는 시간을 가졌으면 좋겠다. 글쓰기를 통해 한 줄, 한 줄 지난 상처와 아픔을 담아내고, 행복한 추억을 회상하며, 자신을 있는 그대로 사랑하는 시간을 가질 수 있으면 좋겠다.

치유의 글쓰기를 강의해주신 신혜영 작가님은 치유의 글쓰기가 내 안의 똥을 빼내는 작업이라고 표현하셨다. 내 맘의 똥을 싹 빼고 나니 속이 후련하고 편해졌다. 치유의 글쓰기를 통해 맘속에 곪아 있던 종기를 짜냈으니, 이제 상처가 아물고 새살이 돋아날 일만 남았다. 밭에 새로운 씨앗을 심기 위해선 땅을 갈아엎고, 바위나 돌멩이를 거둬내야 한다. 땅을 파고 흙을 고르는 작업을 마쳤으니 이제 마음 밭에 무엇을 심을까를 고민할 시간이다. 나의 리셋 된 마음에 어떤 씨앗을 심어 열매를 맺을지 마음의 소리에 귀 기울여본다.

변화는 용기 있는 자에게 주어진 특권이다. 한 번도 해보지 않은 일들을 통해 한 번도 만나지 못한 나를 만났다. 치유를 위해 글을 써 내려갔지만, 그 속에서 그동안 모른 채 한 작은 소녀를 만났고, 누구보다 나를 소중히 여겨도 괜찮음을 발견했다. 새로운 희망은 처음부터 크게 다가오지 않는다. 눈에 보이지 않을 만큼 작은 빛이었으나 분명 나는 빛나고 있었고 점점 그 빛이 강렬해짐을 느낀다.

02

습관 리셋 : 미모가 좀 되는 여자

마음을 리셋 했다지만 갈대 같은 마음은 작은 바람에도 쉽게 흔들렸다. 흔들림 없는 편안함을 가지려면 이참에 침대를 바꿔야 할까? 텔레비전 광고를 보며 싱긋 웃어 보이는 여유도 생겼지만, 뭔가 더 확실한 것들이 필요했다. 이 마음을 유지할 수 있는 습관이 필요했다. 꿈을 향해 포기하지 않고 나아갈 수 있는 강력한 무기를 장착할 시간이었다. 책과 인터넷 검색을 통해 성공한 사람들, 꿈을 이룬 사람들의 비법을 찾기 시작했고 당연하지만, 몰랐던 사실 하나를 발견했다. 성공한 사람이나 실패

한 사람이나, 부자나 가난한 사람이나 누구에게나 공평하게 주어지는 것 바로 24시간 사용법이었다. 하루를 잘 보내면 7번이 모여 일주일이 되고 그 일주일이 4번 모이면 한 달이 되고 그 한 달을 12번 모으면 1년이 된다. 시간은 습관을 통해 진정한 내 것이 되고 그 과정이 모이면 쉽게 꿈을 이룰 수도, 성공할 수도, 부자가 될 수 있었다.

독서 모임에서 할 엘로드가 쓴 『미라클 모닝』이라는 책을 읽게 되었다. 책을 읽는 내내 마음이 설렜다. 고민했던 나만의 강력한 무기를 찾은 기분이었다. 꿈을 이루기 위해 가장 필요한 시간 활용법. 특히나 잠이 많지 않은 나에게 아침의 루틴을 만들어줄 무기는 '미라클 모닝'이었다. 처음엔 다들 "아침부터 일어나 뭘 하자는 거야? 안 그래도 피곤한데…. 이 나이에 무슨 꿈을 꾼다고?" 대부분 이렇게 말하겠지만 밑져야 본전 아닌가? 적어도 인생 후반을 새롭게 시작해 보고 싶다면, 노력 없이 얻어지는 것은 없다. 이왕 마음먹은 거 아침의 기적을 만나보고 싶었다.

미라클 모닝은 6단계로 자기 계발을 위한 아침의 습관을 만들어갈 수 있음을 이야기했다. 명상, 다짐과 확언, 상상, 운동, 독서, 감사 일기, 성공을 위한 습관들을 개발하면서 동시에 내적 세계와 외적 세계 모두를 개선하는 데 필요한 사고방식을 발전시킨다. 반신반의하는 마음으로 시작해 보기로 했다. 시도하지 않으면 아무 일도 일어나지 않기 때문이다.

아침에 일어나 기지개를 켜고 소리친다. "아! 상쾌한 아침이다. 행복한 하루가 시작되었네!" 기지개를 켬과 동시에 우리 몸에서는 세로토닌 분비가 시작된다. 그리고 첫말을 기분 좋게 시작해야 기분 좋은 하루가 시작된다. 나의 미라클 모닝은 5시에 시작된다. 1일부터 14일까지는 〈MKYU 굿짹월드〉 김미경 학장님과 '모닝 짹짹'으로 하루를 열었다. 처음 미라클 모닝을 시작할 때는 욕심을 부려 4시도 시도해봤지만 이렇게 일찍 일어나면 온종일 무거운 눈꺼풀을 들고 다녀야 했고, 6시에 하게 되면 아침 출근 준비가 너무 바쁘고 빠듯했다. 많은 시행착오 끝에 굿짹 월드와 함께하는 5시를 만나게 된 것이다. 처음엔 온종일 졸리고 너무 피곤했지만 일주일쯤 514챌린지를 함께 하고 나니 알람이 울리지 않아도 눈이 떠지고 김미경 학장님의 강의가 너무 설레게 기다려졌다. 4시 50분이 되면 자리에서 일어나 눈을 감은 채 화장실로 가 양치를 하고, 부엌으로 가 커피포트에 물을 끓여 음양탕(뜨거운 물 반+찬물 반을 섞은 물) 한 잔을 마신다.

많은 시행착오 끝에 나만의 미라클 모닝이 설계되었다. 함께하고 있는

〈한여리미모방(미라클모닝단체톡방)〉에 '미모 ㅇㅇ일 시작'이라는 톡을 올리고, 노트북의 굿짹월드 514챌린지방으로 들어가 '모닝 짹짹'을 외치면 나의 미모는 시작된다. 단계별 알람을 설정해 두고 휴대폰은 덮는다.

1단계는 30분 김미경 학장님의 강의를 들으며 기록하고, 다이어리에 일일 계획과 시간표 작성, 나의 드림, 확언과 다짐의 내용 쓰기 등, 하루의 계획을 구체적으로 작성한다. 정해진 시간에 최대한 작성을 하고, 알람이 울리면 과감히 플래너를 덮고, 다음 단계로 넘어간다. 514챌린지가 15일부터 30일까지 방학 기간에 들어가면 김미경 학장님의 강의를 신문읽기로 대신했다. 2단계는 25분 동안 108배와 기도를 한다. 보통 유튜브를 틀어놓고 요가를 하거나, 스트레칭을 하는 등 본인에게 맞는 운동을 찾아서 하면 되는데 여러 운동을 해본 뒤 108배로 결정했다. 아이들 입시, 남편 진급 등 집안에 큰일이 있을 때마다 1년 기도, 100일 기도 3,000배 회향까지 해온 나에게 108배만큼 딱 맞는 운동은 없었다. 덤으로 아침 기도까지 하니 금상첨화였다. 108배가 얼마나 몸에 좋은 운동인지는 말 안 해도 잘 알 거라 생각한다. 절을 많이 하면 무릎 관절에 무리가 온다고 얘기하지만, 바닥에 두꺼운 요가 매트를 깔고, 그 위에 절 방석을 놓으면 큰 무리가 되지 않았다. 쉬지 않고 108배를 하고 나면 온몸에 열에 오르고 등줄기엔 바짝바짝 땀이 났다. 그 후 방석에 앉은 상태로 5분 명상을 한다. 코로 천천히 숨을 들이마시고, 입으로 천천히 내뱉는다. 같이 미모를 하시는 작가님은 '코로는 지렁이가 들어오고, 입으로는 장어를 내보낸다는 느낌으로 하라'고 하시는데 한 번씩 지렁이와 장어를 상상하며 해보면 의외로 호흡도 길어지고 집중도 할 수 있어 효과가 좋았다. 4번째 단계는 5분 확언이다. 내가 이루고자 하는 꿈을 소리 내어 말한다. 즉, 1년 후 5년 후 내가 되고자 하는 나의 모습을 현재형으로 말하며 다짐하는데 사명을 위한 일곱 가지 실천 내용이 적힌 종이를 화장대, 책상 위, 식탁, 싱크대, 냉장고 이렇게 다섯 곳에 붙여두고 수시로 보며 큰소리로 읽는다.

5번째 단계는 5분 동안 즐거운 상상하기다. 꿈을 이뤘을 때의 모습을 그림 그리듯 아주 구체적으로 상상했다. 어떤 옷을 입고, 어디서, 누구와 함께, 어떤 이야기를 나누며, 표정은 어떠한지 오감으로 생생하게 상상했다. 나를 아끼고 사랑해주는 사람들도 그 상상 속에 함께했다. 생생하게 상상하면 뇌는 그게 현실 인양 착각하게 된다. 이미 성공해 있는 나를 상상해서 뇌를 속여 꿈을 이룬다. 마지막으로는 30분 동안 책을 읽는다. 독서 모임에서 선정된 도서나 내가 읽고 싶었던 책을 읽는 시간을 가진다.

윤금서 하루의 확언과 다짐

1. 오늘도 즐겁고 기대되는 하루가 시작되었다.

2. 나는 오늘도 내가 원하는 모든 선한 일을 이룰 것이다.

3. 나는 매일 성장하며 내 인생을 즐기고 있다.

4. 나는 긍정적이고 에너지가 넘치는 사람이다.

5. 나는 내 꿈을 이루기 위해 충분히 똑똑하고, 건강하고, 용기 있는 사람이다.

6. 나는 내 꿈을 이루기 위해 끊임없이 노력하고, 최선을 다하는 사람이다.

7. 나의 삶은 매일이 감사한 일들로 넘쳐 납니다.

8. 나는 모든 사람들에게 너무 사랑받는 사람입니다.

9. 우리 가족과 이웃은 항상 건강하고 행복하고 풍요롭습니다.

독서를 가장 마지막 단계에 둔 이유는 운동하고 나면 집중력이 좋아지기 때문이다. 집중력이 좋을 때 독서를 하고 싶었다. 30분을 넘기더라도 계속해서 독서를 하고 싶은 날은 쭉 이어서 책을 읽기 위해 독서를 마지막으로 넣었다. 이렇게 나의 미모는 계속되고 있다. 어떻게 새벽에 일어나 다소 복잡해 보이고 귀찮아 보이는 것들을 꾸준히 해나갈 수 있었을까?

첫 번째 비결은 514챌린지와 미모를 같이 하는 사람들 덕분에 꾸준히 빠지지 않고 할 수 있었다. 단언컨대 함께하는 사람들이 없었다면 불가능했다. 둘째는 나를 위해 나의 꿈을 위해 열심히 저축하고 있다는 생각에 마음 부자가 되었다. 셋째는 하루 똑같은 24시간이 나에게 길어진 느낌이다. 그리고 하루를 계획적으로 알차게 보내고 있다는 사실에 나의 자존감은 올라가고 있다. 마지막으로는 '혼자 가면 빨리 가지만 함께 가면 멀리 간다.'라는 말처럼 같이 하시는 분들과 행복함을 공유하고 자기계발의 긍정에너지를 나눌 수 있어서 너무 좋았다.

미라클 모닝은 말 그대로 아침의 기적이었다. 처음엔 '몸도 안 좋은데 잠 좀 푹 자고 쉬지, 무슨 미라클 모닝을 한다고.' 다들 걱정하며 말렸다. 처음엔 미모를 하면서 몸살감기에 고생도 하고, 무리한 스트레칭과 운동에 병원 치료를 받으며, 수업 중에 꾸벅꾸벅 졸기도 했다. 주말에는 쉬고 싶다는 유혹에 흔들리고, 한 번씩 '이걸 왜 하고 있지?'라는 회의를 느끼며, 내가 잘하고 있는 건가 하고 수없이 의문이 들었지만 한 가지 확실히 말할 수 있는 것은 자신감이 생기고, 내 몸과 마음의 에너지가 건강하게 긍정적으로 바뀌어가고 있다는 것이다.

무슨 일이나 그렇겠지만 처음엔 많이 힘들고 자신과의 싸움에서 패배할지도 모른다. 하지만 여자 리셋을 위해, 앞으로 시작될 제2의 인생에 새로운 꿈을 꾸고 싶다면 습관의 리셋 미라클 모닝부터 시작해보길 바란다. 미리 겁먹지 말고, 귀찮다 힘들다 생각 말고, 꼭 한번은 아침의 기적을 만나보길 바란다. "잠을 자면 꿈을 꾸지만, 깨어 있으면 꿈을 이룬다."라는 말이 있다. 나는 '이 나이에 무슨 꿈? 이 아니라, 이제라도 내 꿈을 꾸겠다.

습관이 만들어질 때는 눈에 안 보이는 실과 같지만, 그 행동을 반복할 때마다 그 끈이 차츰 강화되고, 거기에 또 한 가닥이 더해지면 마침내 굵은 밧줄이 되어 우리의 사고와 행동을 돌이킬 수 없게 만든다.

– 오리슨 스웨트 마든

"나는 할 수 있다! 내 꿈을 이룰 거야! 윤 금서 오늘 하루도 아자! 아자! 파이팅!!"

세상 최고의 후원자는 바로 나 자신이다.

BEST

윤금서

미라클모닝

100일 성공 인증서

진심으로 축하합니다.

미라클모닝 100일 인증을 통해
당신은 멋진 미래를 위한
강력한 습관을 만들었고
원하는 모든 것을 할 수 있습니다.

당신은 정말 멋진 사람입니다.

한국여성리더연구소

2022년 3월 15일

한국여성리더연구소

03

건강 리셋 : 사막에서 살아남는 방법

'아픈 만큼 성숙해진다.'라는 당연한 소리가 요즘 부쩍 색다르게 느껴진다. 갱년기의 고통은 한두 번의 수술이나 시술로 해결되는 아픔이 아니었다. 감기처럼 자주 걸리기도 하고, 한번 걸렸다고 안 걸리는 것도 아니다. 사람에 따라 독감처럼 심하게 몸살을 앓는 사람도 있지만, 가볍게 모르고 넘어가는 사람도 있다. 평소 자기 몸 관리를 잘한 사람과 면역력이 높은 사람은 감기에 잘 걸리지도 않고 걸려도 가볍게 털고 일어나듯, 갱년기도 다를 바 없었다.

남보다 이른 나이에 폐경을 경험하고, 갱년기를 아프게 겪는 이유는 젊어서 나의 몸을 돌보지 않았기 때문이다. 몸이 내게 보내는 경고였다. 겉모습을 예쁘게 리셋해도 몸을 먼저 건강하게 리셋하지 않으면 아무 소용없었다. 갱년기는 아픔을 통해 몸이 우리에게 보내는 경고였다.

주기적으로 아픈 내 몸의 리셋을 위해 먼저 내 몸 상태를 파악해야겠다 싶었다. 큰맘 먹고 종합 병원 건강 검진을 예약했다. 나라에서 해주는 기본 건강 검진에 여성 정밀 검사인 여성 호르몬 검사, 골밀도 검사, 유방초음파, 정밀 인유두종 바이러스, 질 확대경 검사, 갑상선 초음파와 40세가 넘으면 한번은 해봐야 한다는 대장 내시경도 추가했다. 처음 해보는 대장 내시경 때문에 3일 전부터 음식을 가렸고 전날은 금식하며 속을 비웠다. 대장 내시경을 하기 위해서 3L 정도 약을 탄 물을 시간에 맞춰 3번에 나눠 마시는 것은 말 그대로 곤욕이었다. 대장 내시경을 하기 위해 정말 속을 깨끗이 비웠다. 시꺼먼 숙변을 다 빼내고 노란 물이 나올 때까지 장을 비우고 나니 다시는 내 몸에 이런 숙변과 악취를 만들고 싶지 않다는 생각이 들었다. 어릴 적 아이들의 성장을 위해 유기농 매장에서 식재료를 사다가 아이들에게 대부분의 음식을 건강식으로 주었던 기억이 났다. 유기농 과일과 채소에 현미밥을 해 먹이고, 감자, 고구마, 현미, 쌀로 만든 빵이나 떡을 간식으로 먹었다. 감자로 만든 라면에, 뻥튀기 과자를 먹이며 극성스럽게 아이들 건강은 챙겼으면서 막상 내 몸에 정성을 들인 기억은 없었다.

아침저녁으로 면역 억제제에 혈압약, 고지혈증약, 철분제, 위장약을 한 숟가락씩 먹고 있는 내 몸을 리셋하기로 했다. 옛날 사람들이 시간과 정성을 들여 한약을 달여 먹듯 나에게도 몸에 좋은 음식 재료로 정성 들여 만든 건강한 음식을 먹이기로 했다. 그렇다고 내가 좋아하는 고기, 빵과 커피, 인스턴트를 다 끊고 죄다 유기농 식단으로 바꿀 자신은 없었다. 살기 위해 먹는 것이 아니라 '먹기 위해' 사는 내 삶의 행복을 포기할 수는 없었다. 몸에 안 좋은 음식을 최대한 줄여가며, 기름에 굽고 튀긴 음식보단 찌고 삶은 조리법을 택하고, 채식 위주의 건강한 음식으로 내 몸을 다시 만들어가기로 했다.

식단만큼이나 운동에도 신경 썼다. 108배와 가벼운 산책 걷기 운동을 통해 내 몸에 활기를 불어넣기로 했다. 언제가 책에서 본 글귀 중에 몸에 좋은 음식 많이 먹고 운동을 하지 않는 것 보다, 몸에 안 좋은 음식을 먹더라도 운동을 하는 것이 훨씬 건강에 좋다는 내용을 본 적이 있다. 몸과 마음의 건강과 비타민 D 흡수를 위해서라도 햇빛이 있는 시간에 꼭 운동을 해야겠다고 마음먹었다. 세로토닌으로 행복감이 충만해지고, 무엇보다 갱년기 골다공증 예방이라는 최고의 답이 여기 있기 때문이다.

푸석푸석 영양분이 다 빠져버린 머리카락엔 영양을 줬다. 마음 같아선 미용실의 영양 클리닉을 받고 싶었지만, 추천받은 트리트먼트로 직접 관리했다. 사자머리처럼 펄펄 날리는 잔머리는 바세린을 살짝 발라 영양도 주고 진정시켰다.

무엇보다 모든 피부 보습의 정답은 수분이라는 걸 알게 되면서 수분 섭취에 신경을 많이 썼다. 우리 몸의 70%가 물이고 물을 많이 마셔야 한다는 걸 알고는 있었지만, 끝도 없는 건조함을 경험하면서 그 소중함을 확실히 알게 되었다. 어릴 적부터 아토피랑 피부 건조함으로 꽤 고생해서인지 갱년기에 나를 가장 힘들게 했던 부분은 바로 피부 건조증이었다. 얼굴에 열이 오르는 날은 얼굴이 따갑고 온몸이 간지러워 잠을 이룰 수 없었다. 피부과 약을 먹고 연고를 발라도 효과는 잠시뿐 진전이 없었다. 내 몸의 안과 밖이 가뭄에 마른 논처럼 쩍쩍 갈라졌다. 좋다는 음식과 건강식품을 아무리 먹어도 효과가 없었지만, 미라클 모닝을 시작으로

눈뜨자마자 따뜻한 물과 차가운 물을 반반 섞은 음양탕과 하루 2L 이상 물 마시기는 몸의 변화를 가져다줬다. 물을 마신 지 한 달 정도 지나자 거짓말처럼 건조함이 나아졌다. 아직 온몸이 촉촉해지는 단계는 아니었지만, 얼굴에 광이 나고 피부의 까슬까슬함이 사라져 가려움이 줄어들었다. 유레카였다. 너무 당연한 소리 같겠지만, 내 눈으로 확인 한순간 확실히 믿게 되었다. 그 후로 꾸준히 물 2L 이상 마시기를 실천하며 내 몸을 수분으로 가득 채워나갔다.

가려움증 때문에 한숨도 못 잤다는 친구의 말에 온몸이 긁어서 상처투성이에다 병원 약도 별 효과가 없다는 지인의 이야기에 이젠 자신 있게 이야기한다.

"아침 음양탕을 시작으로 하루 2L 이상만 물을 마셔봐. 몸의 모든 순환이 잘 이루어지고, 가려움증과 건조증이 사라질 거야!"

친구는 여전히 100% 믿지 않지만 물 마시기만큼은 꼭 실천해보라고 이야기한다. 내 몸 리셋의 가장 기본이며 큰 자양분은 물 많이 마시기가 정답이라는 것을 강조하고 싶다. 당연히 질 내 건조함도 좋아질 것이다.

요즘은 텀블러를 가지고 다니면서 물과 차를 수시로 마시는 게 습관이 되었다. 촉촉한 여자가 되어가고 있다.

04

쉼 리셋 : 이게 다 무슨 소용이야

태어날 때부터 몸이 약해서였을까 늘 몸은 쉽게 백기를 들었다. 수능 시험 치기 전날 심하게 체하는 바람에 시험 당일 컨디션이 엉망이었고, 농협 시험 치는 날도 몸살감기를 심하게 했다. 결혼한 후 공인중개사 시험 1차에 합격하고 다음 해 2차를 준비할 때는 얼굴에 심각한 문제가 생겨 시험을 제대로 치를 수 없었다. '핑계 없는 무덤' 없다지만 내 삶에서 무언가 새롭게 도전하려 할 때면 크고 작게 몸은 말을 듣지 않았다. 아니나 다를까 인생에 가장 큰 시련이 닥쳤을 때도 우울증으로 심하게 고생했다.

시련을 이겨내고 다시 시작하려 할 때 처음으로 마음먹은 일은 개명이었다. '희정'이라는 이름의 기운이 약해서 몸이 아픈 거라고 했다. 이름에 '금'자를 넣어 '금서'로 불리면 다 좋아질 거라는 철학관의 작명에 따라 내 이름은 '사로잡을 금, 펼칠 서', 금서가 되었다. 은도 동도 아닌 '금'이었다.

가만히 생각해보면 욕심 많은 성격이 문제였다. 잘하고자 하는 욕심이 너무나 강해서 쉽게 긴장하고 스트레스를 받았다. 무엇이든 대충이 없고, 남보다 잘하고자 했던 욕심이 몸을 아프게 한 거다. 남보다 2배, 3배 더 잘하고 싶은 욕심 때문에 늘 문제가 생긴 걸 알면서도, 갱년기 또한 누구보다 열심히 이겨내겠다고 욕심을 부리고 있었다.

습관의 리셋을 위해 미라클 모닝을 했고, 몸의 리셋을 위해 효소 다이어트에 운동까지 했다. 아침형 인간으로 살았던 나에게 가장 힘든 갱년기 증상은 자도, 자도 피곤한 피로감과 무기력이었다. 주기적으로 컨디션이 떨어지면, 몸에 기운이 없고 아침 9시가 넘어도 눈이 떠지지 않았다. 갱년기를 전환점으로 또다시 스무 살이 된 그때처럼 꿈을 향해 달려가고 싶은데, 마음과 달리 50대 저질 체력에 머물러 있었다. 컨디션이 좀 괜찮아진다 싶으면 난 또다시 몸을 혹사하고 있었다. 그렇게 2주 정도를 보내고 나니 몸은 더는 못 참겠다며 파업 선언을 했다. 처음엔 가벼운 콧물감기 정도라 생각해서 2~3일 약을 먹으면 거뜬하겠지 하고 생각하고 또다시 욕심을 내자 '이번엔 너 제대로 맛 좀 봐라.' 하는 심정이었는지 그길로 앓아누웠다. 코안은 염증으로 퉁퉁 붓고, 머리도 아프고, 삭신이 벌벌 떨렸다. 가벼운 감기가 심각한 몸살감기로 바뀌었다. 약을 먹어도 소용이 없었다. 참다 참다 병원에 가서 링거를 맞았다. 의사 선생님은 며칠 동안 아무것도 하지 말고 푹 쉬라고 하셨다. 일주일을 끙끙 앓고 링거를 두 번이나 맞고서야 조금 나아질 기미가 보였다.

"금서야, 호르몬 때문에 가만히 있어도 온몸이 아프고 너무 피곤한데 새벽부터 무슨 난리니? 네 꿈도 좋고, 다 좋은데, 몸 아프면 무슨 소용 있어. 다 때려치우고 아침 9까지 늦잠도 자고 해!"

보다 못한 친구와 언니들은 난리였다. 다 맞는 말이기도 했다.

몸도 마음도 리셋해서 멋진 인생 2막을 준비하고 싶겠지만, 컨디션의 슬럼프가 온 것이다. 너무 조급하게 갱년기를 극복하고자 했다. 사춘기가 아무리 힘들다고 그 시기를 초스피드로 보낼 수 없다. 온전히 몸과 마음으로 싸워 이겨내야 성장할 수 있는 것처럼 갱년기 역시 일정한 적응 기간을 잘 보내야 한다. 마음만큼 체력이 따라주지 않아 힘들겠지만, 후반전을 다시 달리기 위해선 재정비의 시간을 꼭 가져야 한다. 출발 총소리가 들리기도 전에 달려서는 안 된다. 먼저 스트레칭으로 몸을 풀어주고, 마음의 준비도 해야 한다. 충분한 재정비 없이 출발한다면 머지않아 브레이크가 걸려 멈출 수 있다. 너무 조급하게 빨리 가려 하지 말자. 초반에 전력 질주로 에너지를 다 써버리면 장거리 마라톤을 완주할 수 없다. 이 사실을 잊으려 할 때쯤 친절한 몸은 주기적으로 경고장을 보낸다. 새로운 꿈도 좋고, 나를 위한 삶을 사는 것도 좋지만, 몸을 먼저 살피라고 다정한 메시지를 보낸다. 조그만 무리에도 무너져 버릴 모래성 같은 체력이라면, 아무리 열심히 뛴들 항상 제자리다.

이유 없이 2주를 꼬박 고생하고 나니 알 것 같다. 몸 아프면 다 소용없다는 것, 첫째도 둘째도 건강이 우선이라는 걸 잊으면 안 된다. 어른들 말 하나 틀린 게 없다. 인생 후반의 내 꿈을 이루기 위해선 주인공이 가장 건강해야 한다.

하지만 이런 생각도 든다. 남은 50년을 좌우할 중요한 시점에서 이 정도의 장애물도 없다면 재미없지 않을까? 신체 나이에 마음 나이를 맞추면 나이만큼 몸도 마음도 늙어가지 않을까? 마음 나이에 신체 나이를 맞춰 간다면 몸도 마음도 젊게 살 수 있다. 70대처럼 남은 50년을 사느냐, 30대처럼 남은 인생을 사느냐 하는 문제에 대한 선택은 모두 포기하지 않는 자세에 달렸다.

오늘도 달린다. 어떤 어려움이 와도 멈추지 않겠다. 진정 나를 사랑하기에 앞으로의 50년 또한 열렬히 응원하기에 꿋꿋하게 오늘의 나에게 박수를 보내기로 했다.

05

지혜 리셋 : 아는 만큼 행복에 가까워진다

갱년기 덕분에 병원과 부쩍 친해질 수밖에 없었다. 어쩔 수 없이 수업을 빼야 하는 날이면 이런 사정을 얘기하며 죄송한 마음에 학부모님께 전화를 드려야 했다. 그럴 때마다 아무 걱정하지 말라며, 애 수업은 며칠 빠져도 괜찮으니까 선생님 건강부터 챙기시라며 다 괜찮아질 거라고 응원해주시는 학부모님이 계셨다. 며칠 몸을 추스르고 다시 수업을 시작하는 첫날 그 학부모님은 시집 한 권을 선물해 주셨다. 류시화 시인의 『마음 챙김의 시』였다. 책 표지 앞에 '선생님 힘내세요. 다 좋아질 거예요. 화이팅!'이라는 글귀가 노란 포스트 지에 쓰여 있었다. 마음이 울컥했다. 시 한 편 한편이 나에겐 위로였고 감동이었다.

둘째 언니와 대학원 선배 언니에게 같은 시집을 선물했다. 그들에게도 내가 겪은 따스한 위로가 전해지길 바랐다. 그때부터였던 것 같다. 책을 통해 위로받고, 위로를 줄 수 있다는 생각에 책을 읽기 시작했다. 갱년기로 시력이 급격히 떨어지고, 눈도 너무 건조해져 책을 읽는 게 많이 힘들었다. 안 읽던 책을 읽으려니 집중력은 부족했고, 속도도 느렸다. 더 큰 문제는 며칠 읽다 보면 앞부분이 전혀 생각나지 않는다는 것이었다. 앞으로 돌아가 다시 읽으면 한 번도 본 적 없는 책처럼 생소했다. 건망증일까? 기억력 감퇴라는 또 다른 시련은 나를 기다리고 있었다.

고민 끝에 오디오북을 검색했다. 읽는 것에 비해 듣는 책은 감동이 작고, 생각할 수 있는 시간을 줄긴 했지만, 눈의 건조증이 심하고, 노안으로 돋보기를 쓰고 장시간 책을 보는 게 쉽지 않았는데 오디오북은 큰 도움이 되었다. 특히 차를 타고 이동하는 시간이나, 집안일을 할 때 자투리 시간의 활용으로 듣는 독서는 가성비가 좋아서 컨디션에 따라 병행하기로 했다.

김미경의 '북 드라마'를 통해 어떤 책을 읽어야 할지 선정했다. 책의 내용을 간략히 요약해주고 자기 생각을 표현하는 김미경의 책 이야기를 들으며, 책을 읽고 누군가와 생각을 나눌 수 있다면 좋겠다 싶었다. YWCA 인문학 독서 모임이 생각났다. 같은 책을 읽고 다른 사람들의 생각을 듣는다는 것은 정말 흥분되고 좋았다. 하지만 내 생각을 다른 사람들 앞에서 이야기해야 하는 건 심장 떨리는 일이었고 피하고 싶기도 했다. 20년 넘게 아이들을 가르쳐왔지만. 모르는 사람 앞에서 말을 하려면 심장은 내려앉고, 목소리는 벌벌 떨리며 말은 속사포처럼 빨라졌다. 남의 이야기를 듣는 건 너무 행복한 일인데 발표할 생각만 하면 걱정이 앞섰다. 긴장을 하면 말의 두서가 사라지고, 횡설수설해지면서, 중요한 내용은 삼천포로 빠져버리니 한심하기 짝이 없었다.

용기를 내보기로 했다. 치유의 글쓰기를 하는 동안 똥 작가님이 '우아한 금요일의 독서 모임'에 초대해주셨다.

"책 안 읽고 오셔도 되니까 그냥 편안한 맘으로 한번 참석해 보세요!"

똥 작가님을 믿고 독서 모임에 참석했다. 낯선 환경과 사람들 속에서 많이 긴장되고 어색했지만, 너무도 따뜻하게 나를 맞아주시는 회원들 덕분에 이야기를 편안하게 할 수 있었다. 행복해 보이는 그분들의 긍정에너지와 자기 사랑은 숨어있던 에너지를 깨워주기에 충분했다. 독서 모임을 마치고 돌아오는 길에 나도 모르게 콧노래를 흥얼거리고 있었다. 다음 책이 궁금해졌다. '2주에 책 한 권을 어떻게 읽지?' 걱정했던 내가 빨리 다음 책을 읽고 싶은 마음에 아파트 주차장에 도착하자마자 인터넷으로 책을 주문하고 있었다. 그렇게 인연이 된 '우 · 금 · 독'은 나의 힐링이고, 행복이었다. 책을 읽는 즐거움에 좋은 사람들과의 행복한 시간을 보너스로 받은 느낌이었다. 독서와 그리고 좋은 사람들과의 소통을 통해 나는 서서히 변화되고 있었다. 생각이 성장하고, 마음의 여유를 찾고, 행복한 에너지 속에서 밝아지고 맑아지고 있었다.

'책을 읽는다고 뭐가 변해?'라고 할지도 모른다. 하지만 분명한 사실은 책은 나를 성장시키고, 잃어버린 나의 꿈을 찾아주며, 무한한 긍정에너지를 안겨주었다는 것이다. 한 권의 작은 시집은 힘든 시절, 날 온전히 위로해주었다. 따뜻함으로 다가왔던 책들은 나를 설레게 하고 변화시켰다. 무엇보다 책을 읽는 동안 혼자라는 외로움을 잊어버릴 수 있었고, 책을 통해 세상과 연결되었다.

고인돌 무덤을 처음 봤을 때가 기억난다. 산과 들에 널려있는 바위라고만 생각했었는데 알고 나니 감탄이 절로 나온다. 눈을 뗄 수가 없다. 바위는 그냥 돌이 아니었다. 숨어있는 문화유산을 찾으며 조상들의 지혜와 역사를 만나는 설렘이 가능했던 이유는 '아는 만큼 보인다.'라는 말로 다 설명되었다. 어쩜 우리의 행복도 아는 만큼, 찾는 만큼 커질 수 있지 않을까.

06

관계 리셋 : 봄날을 선물 받다

대학 졸업 후, 20년 넘게 가족만 바라보는 엄마이자 아이들을 가르치는 선생님으로만 살았다. 주위 사람들이라고는 가족, 학부모, 같은 일을 하시는 선생님들, 학생이 전부였다. 자식들은 성장해 하나둘 우물 밖으로 떠났지만 난 그럴 수 없었다. 안전한 우물 밖으로 나가야 할 이유도 용기도 없었다. 바깥세상은 뱀과 독수리 같은 위험천만한 일들이 도사리고 있다고 착각했다. 그랬던 내가 우울증에서 벗어나기 위해 새로운 꿈을 찾아 모험을 떠났다. 혼자서 우물 밖으로 기어 나왔던 것이다. 포근하다고 생각했던 우물은 나오고 나니 지하 감옥이 따로 없었다. 바깥은 따뜻한 햇볕과 예쁜 꽃들과 푸른 나무가 가득한 아름다운 세상이었다. 우물 안에서 혼자 무섭고 우울했던 시간에 대한 보상이라도 받듯 새로 만난 사람들은 하나같이 따뜻했고 새로운 행복을 전해줬다.

첫 번째로 만난 새로운 세상은 독서 모임이었다. 아이들 어릴 적 만났던 도서관 독서 모임과는 결이 달랐다. 그 시절의 독서 모임의 주제는 '어떻게 하면 우리 아이를 잘 키울 수 있을까?'였다. 읽던 책도 육아와 관련된 그림책과 부모 교육 관련 책이 전부였다. 그러나 새로 만난 독서 모임에서는 '나의 꿈을 찾고 세상과 나를 사랑하는 방법은 무엇일까? 였다. 독서를 통해 나를 성장시키고 삶의 방향을 찾기 위해 함께 고민했다. 금요일 저녁 8시. 가볍게 마실 수 있는 맥주와 함께 설렘과 긍정 에너지라는 안주를 먹으며 밤이 늦도록 우리의 우아한 수다는 계속되었다.

두 번째 세상은 골프 연습장 선생님들과의 모임이었다. 운동해야겠다는 생각에 골프 연습장에 등록했다. 항상 혼자 와서 연습하는 나에게 선생님들은 커피 한잔하자며 간식거리와 커피를 건네셨다. 그렇게 인연이 된 선생님들과 한 달에 한 번 소풍을 하러 간다. 5시간 정도 잔디 위를 공을 치며 함께 걸었다. 언니라 부르기엔 나이 차이가 꽤 나는 엄마뻘 같은 분들이라 선생님이라고 불렀다. 도청에서 비서실장으로 퇴임을 하신 분, 중학교 음악 선생님으로 퇴직을 하신 분, 그리고 사업을 하시는 분까지 모두 소중한 선생님들이다. 연습장에서 우연히 알게 된 분들이지만 항상 엄마처럼 따뜻하게 나를 챙겨주셨고, 예뻐해주셨다.

“젊어서 참 이뻐! 공도 젊어서 쳐야지 예쁜 옷도 입고, 비거리도 많이 나가지.”라고 하셨지만, 실상은 정반대였다. 5시간 공을 쳐도 저질 체력인 나 혼자만 카트를 타고 다녔다. 운동해야 한다며 18홀을 카트 한 번 안 타시고 뛰어다니시는 선생님들의 체력은 20대 저리 가라 할 정도였다.

게다가 다들 연금에 탄탄한 경제력을 가지고 계셨고 소소하게 용돈 삼아 주식도 하셨다. 소녀처럼 컬러풀한 옷을 입고 사뿐사뿐 잔디를 걸어가시는 선생님들을 보면 기분이 좋아진다. 선생님들은 항상 긍정적이고, 미소 가득 에너지 넘치게 이야기하신다.

“60이면 새댁이야! 요즘은 70도 어려서 경로당 못가, 가면 제일 젊다고 어찌나 심부름시키는지. 이렇게 바깥에서 좋은 사람 만나 운동하고 하하 호호하는 게 최고야.”

건강하게 오래 살기 위해선 다리 힘 떨어지기 전에 운동으로 자기 관리하라고 당부하신다. 선생님들은 ‘삶을 어떻게 살아가는지도 중요하지만, 누구와 함께 어떤 마음으로 살아가느냐’가 더 중요하다는 걸 깨닫게 해주셨다.

나이 들수록 얼굴은 본인 책임이라고 한다. 소녀처럼 해맑게 웃으시며 긍정적으로 사시는 선생님들을 보면 오히려 눈가의 주름이 더 우아하고 아름답게 느껴졌다. 몸이 건강해야 마음도 건강할 수 있다. 선생님들을 보면서 지금부터라도 운동으로 체력 관리하고, 아프지 않고 건강하게 살아야겠다고 생각했다. 갱년기 때문에 매일 투덜거렸던 내가 부끄러웠다. 그분들 눈에 나는 돌아가고 싶어도 돌아갈 수 없는 젊고 예쁜 40대 소녀였다. 선생님들은 '예쁘고 젊은 사람 덕에 에너지를 얻는다.'라고 말씀해주시지만, 오히려 내가 선생님들을 통해 삶의 에너지를 얻고 건강의 소중함을 배운다. 항상 나를 챙겨주시는 선생님들과 함께 있으면, 돌아가신 친정 엄마가 살아 돌아오신 것 같은 따뜻함을 느낀다.

세 번째 세상은 〈한국여성리더연구소〉의 리더님들이다. 여자의 리셋은 결코 혼자 힘으로 할 수 없다. 아프고, 힘들고, 우울한 갱년기 여성에겐 긍정 에너지와 제2 인생을 위한 동기부여가 필요하다. 나 자신을 사랑하고 성장시키기 위한 자존감과 자신감을 높이는 것이 무엇보다 중요했다.

여자 리셋의 시작이 나 자신을 사랑하는 일이었다면, 마지막은 다른 사람에게 사랑을 베풀어야 한다 생각했다. 관계의 리셋을 통해 무한한 사랑을 받았고, 긍정 에너지로 동기부여를 받으며 꿈을 향한 도전을 시작할 수 있었다. 이제 내가 받은 이 모든 것을 베풀 차례라는 생각이 들게 해준 곳이 〈한국여성리더연구소(한여리)〉였다.

〈한여리〉 리더님들은 각자의 사명에 맞게 성장하고 사랑과 봉사를 실천했다. 싱글맘의 성장을 돕는 리더, 경단녀의 성장을 돕는 리더, 보호종결 아동의 성장을 돕는 리더, 마을공동체의 성장을 돕는 리더, 다문화 아이들을 돕는 리더다. 나는 갱년기 여성의 행복을 찾아주는 리더가 되기로 결심했다. 다른 사람의 성장과 행복을 돕고자 최선을 다하는 리더님들과 함께 있으면, 어느새 마음이 설레고 행복해졌다. 꿈에 도전할 수 있는 용기가 생겼고, 함께라면 무슨 일이든 다 해낼 수 있을 것 같은 자신감이 생겼다. 무엇보다 나를 가장 행복하게 한 것은 나를 통해 다른 사람들이 행복해질 수 있다는 믿음과 깨달음이 생겼기 때문이다.

우물 안 개구리로만 살던 내게 우물 밖의 세상은 크고 넓은 꿈을 꿀 수 있는 곳이었다. 아직 모든 게 서툴고 부족하고, 또 다른 시련이 올지 모른다는 두려움도 있지만 리셋된 우물 밖 세상의 사람들과 함께라면 더 이상 두렵지 않다. 이분들과 함께 만들어갈 따뜻한 세상에 내가 동참할 수 있다는 것에 마냥 즐겁다. 수학여행을 기다리는 여고생처럼, 첫 데이트를 기대하는 20대처럼, 새로 만난 인생의 스승들과의 만남을 손꼽아 기다린다. 혼자였던 겨울밤은 끝이 났다. 우리의 내일은 언제나 봄이다.

07

생각 리셋 : 슬기로운 격리 생활

윤 자매 4인방의 갱년기 제주 여행은 행복 그 자체였지만, 뜻밖의 전화 한 통을 받게 된다.

"안녕하세요. 보건소입니다. 4월 7일 오후 7시, 진에어로 제주에서 김해로 오는 비행기 탑승하셨죠?"

"네, 그런데 왜 그러시죠?"

"탑승하신 비행기에 코로나 확진자가 있었습니다. 밀접 접촉자로 확인

되시는데요. 지금 보건소로 오셔서 검사받으신 후 2주간 집에서 자가 격리하셔야 합니다. 자세한 사항은 담당자가 다시 연락드릴 겁니다."

마른하늘에 날벼락이었다. '2주간 자가 격리'라니 서울 언니를 뺀 우리 세 자매는 그날부터 창살 없는 감옥 '자가 격리'에 들어갔다.

「운수 좋은 날」처럼 우리의 제주 여행은 너무도 완벽했다. 그렇게 완벽한 시간 뒤에 코로나 밀접 접촉자로 2주간의 자가 격리가 기다리고 있을 줄이야? 하필이면 그 많은 비행기 중에 그 많은 시간대 비행기 좌석 중에 우리 앞줄이나 뒷줄에서 코로나 확진자가 나왔다니? 참 운이 없었다. 우리 4자매의 제주 여행을 누가 시기라도 한 것처럼 2박 3일 동안 행복했던 자유의 대가는 2주라는 자가 격리로 돌아왔다.

'2주 동안이나?' 처음엔 억울하고 짜증이 났다. 보건소에 가서 코로나 검사를 하고 집으로 돌아왔다. 코로나 검사를 마지막으로 외출은 금지였다. 무방비 상태에서 뭐부터 해야 할지 몰랐다. 모든 생활이 올 'STOP'이었다. 허탈하고 억울함에 침대에 누워 천장만 바라봤다. 주위 사람들에게 전화를 돌려 나의 상황을 알렸다. 내 방에선 나가지 못하고 아들이 주문해준 배달 음식으로 끼니를 때웠다. 다음날 보건소 담당자의 전화를 받고 안내에 따라 '자가 격리자 안전 보호 앱'을 설치했다. 하루에 2번 자가 진단을 하면 전담 공무원에게 자동 통보가 되는 관리 시스템이었다.

어쩔 줄 모르는 무기력한 상태로 이틀이 지나가고, 사흘째 되는 날부턴 갑갑하고 지루한 하루에 몸부림치며 짜증으로 아우성을 쳤다.

"2주간 휴가라 생각하고, 잠도 실컷 자고, 넷플릭스 시청하고, 뒹굴뒹굴 놀아!"

이렇게 이야기하지만 방안에서 꼼짝 못 하고 보내야 하는 하루는 1년처럼 길게 느껴졌다. 할 수 있는 일이란 고작 TV 시청하기, 주는 밥 먹기, 화장실 가기였다. 그때 같이 격리를 당하고 있던 동생이 말했다.

"언니, 심심하면 〈슬기로운 감빵생활〉 봐. 진짜 재밌고 시간도 잘 가!"

하루를 바쁘게 돌아다녔던 나와 달리 동생은 격리 생활을 오히려 즐기고 있었다. TV 보는 걸 좋아하지 않았지만, 방안에 격리되어 시간을 보내는 방법은 드라마 정주행 말고는 달리 방법이 없었다.

〈슬기로운 감빵생활〉은 동생의 말처럼 매회가 감빵에서 만나는 인물들의 사연이 담긴 감동 있는 드라마였다. 특히 여동생을 성폭행하려던 범인을 추적하다 몸싸움 중 정당방위였던 사건에 억울한 감옥살이를 하게 된 주인공의 이야기는 나에게 많은 생각을 하게 해주었다. 주인공은 미국 진출을 앞둔 슈퍼스타에서 억울하게 감옥살이하게 되지만 주어진 상황을 받아들인다. 그 속에서도 주위 사람들의 신뢰와 사랑을 얻으며 꿈을 위해 노력하며 살아간다.

'피할 수 없다면 즐기자! 인생은 생각하기 나름인 거야.'

생각을 바꾸기로 했다. 바깥에 나가지 못하는 것 빼고는 자가 격리 지원금을 휴가비로 받았다고 생각하기로 했다. 공식 휴가가 내게 주어진 것이다. 남은 격리 기간은 8일이었다. 더 이상 기간을 의미 없이 보내고 싶지 않았다. 조용히 컴퓨터 앞에 앉았다. 그리고 '슬기로운 격리생활 7일 프로젝트'를 짜기 시작했다. 일주일간의 휴가가 주어진다면 하고 싶었던 일들을 쭉 적어보았다. 바깥에 나갈 수 없기에 집안에서 할 수 있는 일들로만 계획했다.

〈슬기로운 격리생활 7일 프로젝트〉

1. 고등 수학 심화 과정 인강 듣고 공부하기
2. 미뤄뒀던 청소, 옷장 정리 하루에 한 가지씩 대청소하기
3. 하루에 한 가지씩 맛있는 요리해 먹기, 쿠팡 로켓배송 이용
4. 아빠랑 매일 통화하기, 감사한 지인들에게 안부 문자 보내고, 카톡으로 책 선물하기
5. 그동안 읽고 싶었던 책 실컷 읽기, 감사 일기, 다이어리 쓰기
6. 주식 차트 공부하기, 경제 관련 책을 읽고 재테크 계획 세우기
7. 유튜브 방송에 따라 하루 30분 요가하기
8. 충분히 자고, 재밌는 드라마 보며 빈둥거리기 등

신기하게도 이렇게 계획을 짜고 실천해가다 보니 하루 24시간이 모자랐다. 환경은 똑같고 생각만 바꿨을 뿐인데 남은 7일의 격리 기간은 하루하루 행복했고 시간이 빨리 가는 게 아쉬웠다. '모든 건 내 맘먹기 나름'이었다. 삶은 내가 생각하기에 따라 천국이 될 수도, 지옥이 될 수도 있

었다. 천국에서 살 것인지, 지옥에서 살 것인지에 대한 결정은 내가 내리면 된다. 순간에서 삶을 그리고 인생을 변화시켜나가기로 했다.

언제나 그러하듯 인생의 벽이라고 여겨지는 낭떠러지에 섰을 때, 비로소 낭떠러지 아래에 지천으로 깔린 꽃밭을 더없이 넓은 푸른 하늘을 만나게 된다.

08

봉사 리셋 : 봉사하다 빛을 본 사람

살면서 누구나 자기 삶에 고민 한가지 정도는 가지고 있을 거란 생각을 한다. 나 역시 갱년기를 겪으며 삶을 되돌아볼 수 있었고, 어디로 가야 할지 고민하며 긴 방황의 시간을 가졌다. 우울함에 취해 혼자 힘들어하고 있을 때 딸아이가 책을 한 권 선물해주었다.

"엄마, 『나미야 잡화점의 기적』 이 책 읽어봐! 정말 재밌어 읽다 보며 시간 가는 줄 모르고 빠져들 거야!"

하지만 450페이지가 넘는 두꺼운 책은 그냥 쳐다만 봐도 눈이 건조하고 머리가 아플 것 같았다. '잠이 안 올 때 한번 읽어봐야겠다.' 생각은 하고 며칠을 침대 위에 두고 겉표지만 한 번씩 쳐다보며 지나쳤다.

며칠이 지나 딸아이에게 또 전화가 왔다.

"엄마, 읽어 봤어?"

순간 엄마 생각해서 책을 선물해준 딸아이에게 미안한 마음에 거짓말을 했다.

"어. 조금 읽었는데 아직 재미있는지는 모르겠어…."
"엄마, 나미야 할아버지처럼 다른 사람의 고민에 공감과 위로를 담은 손편지 답장을 해주는 것에 대해 어떻게 생각해?"

딸아이의 질문에 나는 솔직히 실토해야 했다.

"다연아, 엄마가 솔직히 아직 책을 못 읽어봤어. 미안. 엄마가 오늘부터 꼭 읽어 볼게."

그러자 딸아이는 자신의 이야기를 했다.

"엄마 나 '온기 우편함'이라고 사람들이 익명으로 고민을 써서 우체통에 넣으면 공감과 위로를 담은 손편지를 써서 보내주는 봉사 활동을 하고 있는데 이 봉사 활동이 너무 의미 있고 나를 행복하게 해줘!"

딸아이는 책의 내용을 잠깐 이야기하고 '온기 우편함' 봉사에 대해 자세한 설명을 해주었다. 온기 우체부 자원봉사자들은 철저하게 자기가 봉사자라는 사실을 비밀로 해야 하고, 일주일에 한 번씩 온기 사무실에 가서 2시간씩 자원봉사를 한다고 했다. 코로나 상황이 생기면서 단절된 이웃과의 소통의 기회가 없었고, 사람들이 집에서 보내는 시간이 많아지면서 고민 편지가 더욱 많아졌다고 한다.

딸아이와 통화를 끊고 당장 『나미야 잡화점의 기적』 책을 읽기 시작했다. 나미야 할아버지의 이야기가 궁금했고, 딸아이가 몰래 하고 있었다는 온기 우편함 봉사 활동이 궁금해서이기도 했다. 읽을수록 빠져들었고, 재미와 감동에 온종일 시간 가는 줄 모르고 읽었다. 책을 읽고 나니 나도 '온기 우편함' 같은 자원봉사를 하고 싶다는 생각이 들었다. 그리고 백지와 같은 지금의 나의 상황을 고민으로 적어 보내고 싶어졌다. 집에 있는 편지지에 고민을 적어 휴대전화로 사진을 찍어 온기 우편함에 메일로 보내고, 내가 자원봉사를 할 수 있는 방법을 전화로 문의했다. 하지만 온기 우체통은 서울에 몇 개가 설치되어 있고, 자원봉사자 역시 서울 온기 사무실에 매주 나와서 봉사를 해야 하기에 지방에 사시는 분은 봉사하기가 어렵다는 답변을 받았다. 하는 수 없이 나는 후원을 하기로 하고 후원금만 송금했다.

내 주변에도 나미야 할아버지 같은 분이 계셨으면 좋겠다는 생각과 책 속의 세 도둑처럼 사람은 누구나 자기의 기준에서 다른 사람의 고민에 상담과 위로를 해줄 수 있다고 생각을 하게 되었다. 〈한국여성리더연구소〉에서 갱년기 여성의 성장을 돕는 리더로 활동을 하면서 문득 삶의 경험과 지혜가 많은 갱년기 여성들이 이런 봉사 활동을 하면 어떨까? 하는 생각이 들었다. 그래서 〈한여리〉 리더님들과 의논을 하게 되었다, 리더님들 모두 너무 가슴 설레는 봉사라고 마음을 모아주셨고 우리는 그 일을 실천하기로 했다. 〈한여리〉와 함께 익명으로 자신의 고민을 써서 우체통에 넣으면 봉사자들이 정성 어린 공감과 위로로 손편지 답장을 보내주는 봉사 단체 '따숨'를 만들게 되었다. 코로나로 외롭고 힘든 사람들의 마음에 따뜻함을 전하고 싶다는 생각에 따뜻함의 경상도 사투리 '뜨신'을 넣어서 '뜨신 편지'로 이름을 정했다. 봉사 단체의 이름은 마음 따뜻한 봉사자들이라는 뜻의 '따숨'이라고 짓게 되었다.

우리 〈한여리〉 리더님들의 따뜻한 마음이 하늘에 닿았는지, 창원 천주 라이온스 클럽 전 회장님들께서 마음 따뜻한 봉사에 함께하고 싶다며, '뜨신 편지'만의 우체통을 후원해주시고, 창원의 핫플레이스 다옴베이커리 2층에 우체통을 설치할 수 있도록 장소 제공을 해주셨다. '선한 일은 좋은 사람들을 데려온다.'라는 말처럼 우리의 선한 마음이 모여 좋은 사람들과 선한 일을 함께 할 수 있다는 것이 맘을 설레게 했다. 천주 라이온스 클럽 전 회장님의 유머러스한 인사말이 기억이 남는다.

"봉사하다 빛을 본 사람이 누구인지 아십니까?"

나는 그 질문에 한참 고민을 했다 '봉사하다 빛을 본 사람? 마더 테레사인가…?' 정답은 심청이 아버지, '심봉사'였다. 순간 너무 웃기면서도

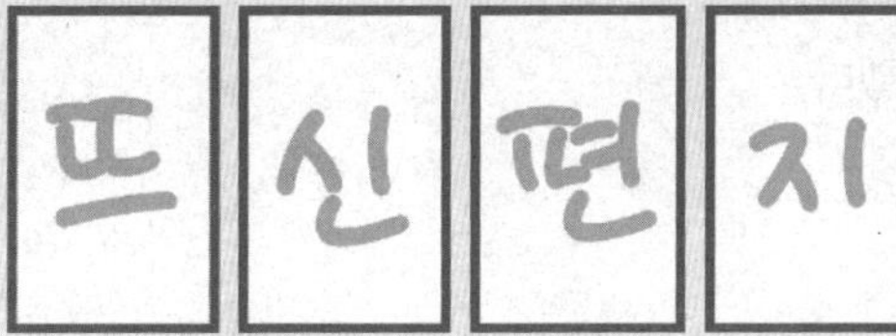

뜨신 편지를 보내시면

손편지 답장이 도착합니다 ♥

<뜨신 편지 이용 방법>

① 누군가에게 털어놓고 싶은 날

② 익명으로 말못할 고민을 직접 적어주세요.

(부치지 못한 사연도 좋아요)

③ 답장받을 주소 를 쓰고 뜨신우체통에 쏘옥~

④ 2~3주 기다리면

⑤ 봉사자들의 손편지 답장 도착합니다!

GW 한국여성리더연구소와 함께하는

그 속에서 나만의 깨달음을 얻게 되었다. '자원봉사를 하고 사람들의 따뜻한 마음이 모여 세상을 빛으로 환하게 밝힐 수 있다면 내 마음의 눈 또한 밝아지지 않을까'하는 생각을 했다. 오늘부터 나는 봉사하다 빛을 본 사람이 되기로 했다.

1365 지역자원 봉사 센터에 자원봉사 단체 등록 신청서를 제출했다. 담당하시는 분이 이런 봉사 단체 등록은 처음이라 자세한 설명을 요구하셨고, 회의 후 등록 가능 여부를 통보해주시겠다며 전화를 끊으셨다. 오후가 되어서야 자원봉사 단체 등록이 되었다는 연락을 받을 수 있었다. 이런 봉사 활동은 처음이지만 듣기만 해도 너무 마음 따뜻한 일이기에 봉사 시간을 인정해주신다고 하셨다.

모든 준비를 마치고 〈한국여성리더연구소〉 리더님들과 후원해주시는 분들의 참석 하에 '뜨신 편지 1호'의 작지만 의미 있는 발대식을 했다. 앞으로 2호, 3호…. 우리 따숨의 뜨신 편지는 계속 만들어질 것이다. '시작은 미약하지만, 끝은 창대하리라.'라는 말처럼 우리의 선한 마음이 선한 일을 눈덩이처럼 키워나갈 것으로 생각한다. '뜨신 편지' 따숨의 마음이 많은 사람에게 따뜻한 위로가 될 수 있기를 바란다.

지금 선택한 길이 올바른 것인지 누군가에게 간절히 묻고 싶을 때가 있다. 고민이 깊어지면 내 얘기를 그저 들어주기만 해도 고마울 것 같다. 어딘가에 정말로 나미야 잡화점이 있었으면 좋겠다. 나도 밤새 써 보낼 고민 편지가 있는데, 라고 헛된 상상을 하면서 혼자 웃었다. 어쩌면 진지하게 귀를 기울여주는 사람이 너무도 귀하고 그리워서 불현듯 흘리는 눈물 한 방울에 비로소 눈앞이 환히 트이는 것인지도 모른다.

–『나미야 잡화점의 기적』 중에서

HAPPY WOMEN'S DAY

5장

당신의 갱년기 함께 이겨내요

01

친구와 함께 : 뼈뼈로 Day

나에게 좋은 일이 생기거나 힘든 일이 생겼을 때 가장 먼저 생각나는 친구들이 있다. 바로 용띠 계모임 친구들이다. 항상 재미있는 이야기에 턱이 아플 정도로 우리를 웃게 만드는 '영미', 자식 챙기듯 한결같이 우리의 이야기를 들어주고 품어주는 '미선'. 나에게는 가족만큼 가까운 친구들이다. 내 인생에 힘든 고비가 있을 때마다 친구들은 항상 힘이 돼 주었다. 내가 금전적으로 힘이 들었을 땐 아들딸을 나에게 보내 비싼 과외 수업을 받게 했고, 내가 아플 땐 친정엄마처럼 죽이며 반찬을 해다 날랐다.

막내딸로 태어나 모든 사랑을 받고만 자랐던 영미는 말한다. '나는 겁이 많아 차 수리는 남편이 알아서 해주고, 혹여나 구입한 옷이 맘에 안 들어도 혼자서는 반품 한 번 해본 적 없다.'라고. 그런 친구가 나랑 있으면 시금치 먹은 뽀빠이가 되었다. 내가 이사할 때 집주인이 속을 썩이면 주인집을 찾아가 같이 따져 주었고, 동전으로 내 타이어 홈을 체크 하며 교환 시기를 체크해주기도 했다. 어디가 아프다고 하면 전문병원을 찾아봐 주고 네이버를 검색해 자세한 설명까지 해주며 무슨 일이든 괜찮을 거라 안심시키는 친구였다. 우린 밥을 같이 먹는 사이, '식구(食口)'였다. 그래서 나의 휴대폰엔 '내 애인 김영미'로 저장이 되어있다. 영미는 여자이지만 오해의 소지가 있기에 더 이상의 진도는 절대 없다고 분명히 밝혀두고 싶다.

친구와 우스갯소리로 이야기했다.

"다시 태어나면 우리 부부로 만나자!"

우린 이른 갱년기도 같이 겪는 '천생연분'이었다. 서로의 아픔을 말하지 않아도 너무 잘 알기에 존재만으로도 위로가 되고 감사한 애인 같은 친구였다.

빼빼로 데이에 생선구이를 먹으러 갔다. 친구는 천천히 가시를 발라서 내 밥 위에 올려 준 다음 깨끗이 살을 발라낸 생선뼈를 나란히 접시 위에 담았다. 생선뼈가 나란히 담긴 접시를 나에게 건네며 말했다.

"오늘이 빼빼로 데이지? 우린 빼빼로 데이 말고 '뼈뼈로 데이' 하자!"

"뼈뼈로 데이?"

"응, 매년 빼빼로 데이에 우리만의 뼈뼈로 데이를 즐기는 거지! 오늘은 생선 뼈뼈로 데이, 내년에는 닭 먹고 닭 뼈뼈로 데이, 다음 해엔 소갈비를 뜯고 소 뼈뼈로 데이. 이렇게 매년 뼈뼈로 데이를 이어가는 거지."

한참을 웃으며 뼈뼈로 데이를 즐겼다. 그 후 우리는 소소한 데이를 만들기 시작했다. 한 달에 한 번 옥천사에 가는 날은 '템플 데이', 둘레 길을 찾아 온종일 햇볕을 받으면 걷는 '워킹 데이'도 있다. 예쁜 파자마 원피스를 입고 소녀처럼 밤새 맛있는 거 먹고 수다 떠는 '파자마 데이'도 있고, 아침 일찍 만나 조조 영화를 같이 보는 '조조 데이', 숯가마 찜질방을 찾아 땀을 뺀 후 삼겹살을 먹는 '숯가마 데이' 비 오는 날은 파전과 수제비를 먹는 '레인 데이'도 만들었다. 우린 그렇게 평범해서 무료했던 일상에 나름의 의미를 부여하며 갱년기를 극복하려 노력한다.

부부란 평생을 함께할 소중한 인연이다. 갱년기가 부부 사이에도 새로운 전환점이 되길 바란다. 신혼처럼 설레고 흥분되는 감정의 풋사랑은 아니겠지만 서로에 대한 신뢰와 정으로 돈독해진 무르익은 사랑의 힘도 대단하다. 함께 오랜 시간을 보낸 부부만이 가지는 이 감정을 충분히 누리기를 바란다. 애인 같은 친구와 만든 일상의 Day를 부부가 함께 만들어가길 바란다.

좋은 일은 함께하면 그 기쁨이 커지고, 힘든 일은 같이하면 그 고통이 반으로 준다. 누군가와 함께하는 것이 이 시기를 가장 잘 극복하는 방법이지 않을까?

애인 같은 친구도 좋지만, 친구 같은 배우자는 인생 최고의 선물이다. 물론 쉬운 일은 아니겠지만 서로를 위해 노력하는 자세로 남은 인생을 오순도순 지내면 좋겠다는 생각에 갱년기를 겪고 있는 부부들을 인터뷰하면서 서로에게 듣고 싶다는 말과 가장 감동이었던 말을 정리해봤다.

〈아내를 감동시키는 말〉

– 다시 태어나도 당신과 결혼하고 싶어!

– 우리 아들이 당신 같은 여자 만나면 행복할 텐데.

– 당신 걱정하지 마! 내가 당신보다 하루 더 오래 살다가 갈게!

– 당신 힘들어도 정신줄 꽉 잡아!

– 우리 뒷바라지한다고 고생 많았지? 이제 당신 좋은 거 하면서 살자!

– 당신 내가 보너스 줄 테니까 친구들하고 여행 다녀와요.

〈남편을 감동시키는 말〉

– 오늘 뭐 먹고 싶은 거 없어요? 당신 맛있게 먹는 것만 봐도 배불러요.

– 당신 오늘 너무 젊어 보여요. 당신 덕분에 항상 편안하고 행복해!

– 다시 태어나면 당신 엄마로 태어나 당신을 내가 돌봐줄게요.

– 당신을 존경하고 사랑해요.

– 당신은 20대 때보다 지금이 훨씬 더 멋있어요!

– 어쩜 맥가이버처럼 모든 걸 척척 잘 고쳐요?

– 당신 열심히 하는 모습 너무 섹시해요!

'여자는 사랑을 먹고 살고, 남자는 존경을 먹고 산다.'라는 말이 있다. 서로에 대한 배려와 사랑이 갱년기 부부에게 가장 필요할 것이다. 어색해도 따뜻한 말 한마디가 상대에게 전해질 때 큰 힘이 되고 따뜻한 위로가 될 것이다.

02

지인들과 함께 : 언니들의 사우나 비밀 수다

쇼핑몰에서 일하는 순애 언니는 남다른 갱년기 증상을 호소한다. 밤낮으로 등에서 열이 나고 화상을 입은 것처럼 화끈거리며 땀이 난다고 했다. 땀으로 더웠다 추웠다를 반복하며 오한으로 밤새 잠을 설치면, 다음날 극심한 피로와 근육통이 찾아온다고 했다. 그런 순애 언니 삶의 유일한 오아시스는 같은 쇼핑몰 동료들과 출근 전에 사우나를 즐기는 일이다. 여자들의 우정은 사우나 뜨거운 한증막에서 시작된다는 말이 있다. 사우나 가운을 두르고 앉아 땀으로 몸속 노폐물을 배출하듯, 속상하고 화나는 맘속 노폐물을 한증막 안에서 거친 호흡과 수다로 맘껏 배출하는 것이다. 옷을 걸치지 않은 한증막에선 나이와 직업에 상관없이 모두가 언니이고 친구가 된다.

오랜만에 사우나에 온 순애 언니는 배에 시퍼런 멍이 들어 왔다. 순간 '언니가 지방 분해 주사를 맞았나?' 생각도 했었지만. 언니의 배는 여전히 임신 6개월이었다. 궁금증을 참다못한 영순 언니가 먼저 말을 꺼냈다.

"언니, 배에 왜 그렇게 멍이 들었어요?"

그러자 순애 언니는 야릇한 미소를 지으며 이야기를 시작했다.

"이거 산부인과에서 태반 주사 맞아서 그래! 나 갱년기 증상으로 등에 열나서, 잠도 못 자고 피곤하다고 했었잖아? 근데 괜찮아졌어! 이제 등에 열도 안 나고 피곤함도 덜해서 살 것 같아!"

한증막의 갑갑함과 뜨거움을 다들 잊은 듯 사람들의 모든 눈과 귀가 순애 언니를 향해 있었다. 언니는 시원한 사우나 냉커피를 한잔 들이킨 후 태반 주사에 대해 자세한 설명을 이어나갔다.

태반 주사는 식약청(KFDA)으로부터 다양한 갱년기 장애 증상의 개선에 효능을 인정받은 치료법이었다. 무엇보다 요즘은 실비 처리가 돼서 가격 측면의 부담 없이, 10회를 미리 끊어서 주 1회씩 맞으러 가면 된다고 했다. 무엇보다 태반 주사를 맞고 나서 열나고 아프던 등이 괜찮아지고, 불면증과 피로감도 많이 좋아졌다며 멍이 시퍼렇게 든 배를 어루만지며 자기만의 갱년기 극복 비법을 털어놨다. 그때부터였다. 태반 주사로 갱년기에 효과를 봤다는 이야기를 들은 한증막 언니들은 너도나도 할 것 없이 태반 주사를 맞으러 산부인과를 찾기 시작했다.

한증막 언니들의 단합은 타의 추종을 불허했다. 사우나 멤버들의 기본 준비물이 있는데, 사우나 마스크, 방석, 가운, 개인 물병은 필수이고, 스페셜한 사우나를 즐기기 위한 VIP 멤버들의 준비물인 뱃살 잡는 핑크색 실리콘 물 부항기와. 옥 주걱, 국자가 있다. 열탕에서 반신욕을 하며 승모근 뭉침과 혈액 순환에 좋다는 물 부항기로 배와 등에 시퍼런 부항 자국을 남기고, 경락 도구인 옥 주걱과 국자로 배를 세게 문지를 때면, 비싼 전신 마사지와 고급 호텔 스파가 부럽지 않다고 한다. '목욕용품 뭐가 좋다더라 하면 단체 공구를 하고, 누구네 시골에서 농사지은 양파랑 사과가 맛있더라 하면 단체 주문이 들어간다. 어디 마트가 오늘 오픈한다더라 정보가 뜨면 다들 바구니를 받으러 마트 앞에 집합한다. MZ세대들이 유튜브로 광고를 하고 소식을 접한다면, 5060 언니들의 알짜배기 광고와 소식은 사우나 한증막에서 시작된다. 그뿐인가 지금이야 코로나로 인해 할 수 없지만, 집안에 경사가 생기면 떡을 해서 돌리거나, 흰 우유 하나씩을 돌리는 일은 사우나의 관례가 돼버렸다. 요즘 트렌드는 우유 대신에 다이어트와 피로 회복에 좋은 비타 500이나 야채 주스를 돌리는 것이라고도 한다.

보통 한증막의 멤버들은 새벽 팀과 오전 팀으로 나뉜다. 새벽 팀은 일을 다니는 언니들이 아침 일찍 와서 가벼운 샤워와 땀을 빼고 출근하고, 오전 팀은 일을 안 하는 언니들이 아침 드라마를 보거나 아침 운동을 한 후 땀을 빼러 온다. 10시쯤 와서 사우나를 한 후 12시쯤 삼삼오오 어울려 점심을 먹고 저녁 준비를 위한 장을 보고 귀가한다. 순애 언니와 그녀의 직장 멤버들은 그들만의 휴가를 한증막에서 보낸다. 일주일에 한 번 쉬는 날을 같이 맞춰 밀렸던 집안일을 서둘러 끝내고 사우나 한증막으로 향한다. 일주일의 피로를 사우나의 한증막과 찬물을 오가면 혈액 순환으로 풀어내고, 깨끗이 단장한 후 평소에 일한다고 먹지 못했던 맛있는 음식을 먹는다. 이어지는 휴가의 하이라이트는 단체로 '태반 주사'를 맞으러 가는 것이다. 몸이 힘들어도 하소연할 겨를 없이 갱년기를 견뎌야 하는 쇼핑몰 언니들의 유일한 힐링 방법은 사우나 한증막과 태반 주사였다.

"언니, 갱년기 때 힘들지 않으셨어요?"

"일하고 돈을 번다고 정신이 없어서 갱년기가 온 건지, 스트레스 받고 피곤해서 몸이 아픈 건지 구분도 안 되더라고, 갱년기도 다 팔자 편한 사람이 누리는 특권 아니겠어?"

갱년기 우울증이 와도 고객에게 따뜻한 미소를 지어야 하고, 아무리 몸이 아프고 힘들어도 생계 때문에 일을 그만둘 수도 없다는 쇼핑몰 언니들은 '사우나 한증막의 땀 빼기와 1주일에 한 번 태반 주사'로 그들만의 갱년기를 보내고 있었다.

그러면서 사실 요즘은 갱년기보다 코로나가 더 아프고 무섭다고…. 갱년기 증상으로 몸에 열이 나거나 몸살기가 있으면 혹시 코로나가 아닌가 검사를 해봐야 하고, 쇼핑몰 안에서 직원이 한 명만 확진이 되어도 매일 같이 단체로 해야 하는 PCR 검사가 갱년기보다 더 아프고 힘들다고 한다. 자가 진단 테스트기로 매일 아침 코를 찌르는 것이 일과 시작이 되었고, 하도 코를 찔러 코에 고속도로 길이 난 것 같다는 농담을 한다.

03

딸과 함께 : 엄마 꿈을 응원해

아들은 엄마랑 누나 사이는 알다가도 모를 일이라고 했다. 분명 낮에는 서로 못 잡아먹어 안달이더니만, 밤이 되면 서로 꼭 끌어안고 자는 모습을 도통 이해할 수 없다고 했다.

딸은 내게 친구이자 보호자였다. 모든 일을 의논할 수 있고, 내가 아플 땐 나의 보호자가 되어주기 때문이다. 내가 키웠기에 나의 영향을 가장 많이 받았고, 그래서 날 닮은 분신 같은 존재였다. 특히 갱년기를 겪고 있는 나에게 딸은 가장 큰 지원군이며 응원자였고 용기를 주는 친구였다. 딸은 세 가지 선물 통해 갱년기를 겪고 있는 나를 감동시켰다.

첫째는 『갱년기 겪어 봤어?』라는 책과 함께 건넨 편지였다.

"엄마 갱년기라서 얼마나 힘들고 또 외로울지 걱정이 돼. 옆에 같이 있어주지 못해서 미안하고 속상해…. 그래도 엄마가 씩씩하게 잘 이겨내줬으면 좋겠어. 엄마가 얼마나 대단한 사람인지 알지? 엄마 닮아서 그리고 엄마 덕분에 내가 이렇게 이쁘고 건강하게 잘 컸잖아. 내 인생의 가장 큰 보물은 엄마인 거 알죠? 윤 여사 힘내세요! 파이팅!"

딸의 마음이 담긴 편지와 선물은 따뜻함. 그 자체였다.

두 번째 딸의 선물은 '남해 몽드의 2박 3일 북 스테이 여행'이었다. 인생의 두 번째 꿈을 꾸고 있는 나에게 딸은 2박 3일 북 스테이 여행을 기획하며 내 꿈에 대한 지원과 응원을 아낌없이 보내주었다. 컴맹인 날 위해 '브런치 작가' 신청을 도와주었고, 내게 글을 쓰고 올리는 방법들을 자세히 가르쳐주었다.

창피해서 남에게 절대 말할 수 없었던 부분들을 딸아이와 의논하며 작가 신청을 했고, '브런치 작가에 합격하셨습니다.'라는 결과를 선물로 받았다. '브런치 작가'가 됨으로써 내 꿈에 한 발짝 다가갈 수 있었던 여행이었다.

작가라는 꿈을 위해 딸은 내게 도움이 되는 좋은 책을 골라 주었고, 글쓰는 방법들을 알려주었다. 내 글의 문제점과 수정사항에 대해 같이 고민해주며 용기도 주었다. 내가 딸아이 시험 준비를 도와주고 꿈을 응원해준 10년 전처럼, 딸은 내게 엄마가 되어주었다. '네가 어떤 일을 하던 엄마는 너의 꿈을 응원해!' 했던 나의 응원이 '엄마가 어떤 일을 하던 나는 엄마 꿈을 응원해!'로 메아리 되어서 돌아왔다.

세 번째 딸의 선물은 건강 검진이었다. 마흔이 넘으면 꼭 받아봐야 한다는 대장 내시경과 여성 정밀 종합 건강 검진을 예약해줬다. 나라에서 해주는 기본 건강 검진밖에는 받아본 적 없던 날 위해, 힘들게 받은 장학금 일부를 엄마를 위해 쓰고 싶다고 말해주는 딸아이의 마음이 정말 고마웠다. 딸이 사준 명품 가방을 받고 갱년기 불면증을 극복할 수 있었다던 선배 언니의 마음을 이해할 수 있었다.

'네가 행복하면 엄마는 행복해!'라고 말하던 나였지만 그게 전부가 아님을 고백한다. 엄마가 행복한 것이, 딸이 더 행복해지는 길이라는 것을 이젠 안다. 가장 가까운 사이란 생각에 싸울 때면 서로에게 상처 주는 말을 하기도 한다. 아프다는 말에 속이 상해 서로에게 화부터 내는 사이지만 딸과의 사랑은 깊이도 넓이도 측정할 수 없다. 딸은 존재 자체만으로 나에겐 선물이었다.

갱년기를 겪는 엄마를 위해 무언가 큰 선물을 해야 하는 것은 아니다. 따뜻한 말 한마디, 정성 담긴 편지 한 통은 거름이 되어 척박한 엄마의 마음에 자양분이 된다.

〈엄마를 감동시키는 딸의 말 한마디〉

– 엄마, 오래오래 아프지 말고 내 곁에 있어 주기만 해요.

– 엄마가 내 엄마라서 자랑스러워.

– 다시 태어나도 엄마 딸로 태어나고 싶어.

– 다음 생엔 내가 엄마의 엄마로 태어날게. 엄마는 내 딸로 태어나요.

– 엄마, 나이 들어 힘들고 아프면 내가 간호해줄게.

– 엄마, 내가 돈 벌면 엄마 용돈 많이 줄게, 돈다발 선물 기대해요.

– 엄마는 존재 자체만으로도 나에겐 선물이에요.

04

아들과 함께 : 20년 만에 풀린 수수께끼

분명 내가 나은 자식인데 딸과 달리 아들은 늘 수수께끼다. 갱년기를 겪으면서 가장 힘들었던 부분은 아들과의 마찰이었다. 도무지 아들을 이해할 수 없었다. 별거 아닌 녀석의 말에 서운하고 화가 났다. '어쩜 저렇게 내 맘을 모를 수 있지? 알면서 저러나?' 싶었지만 우연한 기회로 아들에 대한 오해는 한 방에 말끔히 해결되었다.

상담센터에서 MBTI 검사를 받았다. 아들은 INTP로 아이디어 뱅크형이다. 비평적인 관점을 가지고 있는 뛰어난 전략가였고 나는 ENFJ으로 언변 능숙형이었다. 특징으로는 타인의 성장을 도모하고 협동하는 사람이었다. 이렇게 다를 수밖에 없으니 충돌되는 부분은 당연한 것이었다. 나의 에너지 방향은 외향형(E)이었고 아들은 내향형(I)이었다. 사람 만나고 사교 활동을 즐기며 사람들과 함께할 때 에너지를 얻는 것이 내 스타일이라면, 아들은 혼자서 활동하는 걸 훨씬 더 편안해하고, 집에 혼자 있을 때 에너지를 얻는 스타일이었다. 한마디로 집, 집 그리고 집이다. 밖에 나가지 않고 늘 방안에만 있는 아들에게 제발 밖에 나가서 친구들도 만나고 바깥 공기를 쐬라는 잔소리를 했다, 반면 아들은 온종일 밖으로 바쁘게 다니는 엄마를 이해하지 못했다.

인식 기능은 다행히 둘 다 직관형(N)이었다. 직관형은 딱 보면 안다 스타일이다. 상상력이 풍부하고 사실이나 사건보단, 의미나 관계 따라, 나무보다는 숲을 보고, 세세한 부분보다 그 현상의 배후에 있는 것을 인식한다.

다음으로 판단 기능에 있어서 나는 감정형(F)이었고, 아들은 사고형(T)이었다. 상대방의 감정을 먼저 배려하고 감수성이 예민하며 상대방의 말에 상처를 잘 받는 나에 비해, 아들은 직설적이고, 사실적이며, 현실적이었다.

예를 들면, 가족을 위해 열심히 맛있는 음식을 만들고 상을 차렸을 때 감정형(F)인 나는 맛이 없어도 열심히 준비한 엄마의 마음을 생각해 "너무 맛있겠다. 역시 엄마가 해주는 음식이 제일 맛있어 엄마 최고!" 이렇게 말해주길 바라는데 아들은 이렇게 무심하게 "음... 그냥 먹을 만해요, 계란찜은 조금 싱거워요, 나는 신 김치보다 생김치가 더 맛있어요. 솔직하게 얘기해 줘야 엄마가 다음에 음식 하실 때 싱겁게 하지 않을 것 같아서 하는 말이에요." 한다. 솔직한 녀석의 대답에 나는 혼자 상처받고 서운해했다. 아들이 조금만 차갑게 굴어도 혼자서 '오늘 무슨 안 좋은 일이 있었나? 내가 잔소리를 많이 했나?' 이러면서 온통 신경을 썼다.

마지막으로 생활 양식에서는 나는 판단형(J)이고 아들은 인식형(P)이었다. 이 부분에서 아들과 나는 늘 전쟁이었다. 나는 판단형(J)으로 무슨 일이든 목적 의식이 뚜렷하고, 체계적이고 계획적으로 날짜 시간을 딱딱 정하며 다이어리를 쓰는 스타일이다. 반면 아들 인식형(P)은 상황에 맞추어 그때그때 개방적이고 융통성 있게 행동하는 스타일이었던 것이다.

전날이나 당일이라도 약속을 취소하거나 상황에 따라 수정해버린다.

"아들, 엄마랑 여행갈까?"

"네, 좋아요."

"언제? 장소는 어디로 갈까?"

"엄마 가고 싶은 곳 가요."

"그럼 경주 가자! 다음 주 25일 금요일에 1시에 출발, 안압지 들렀다가 보문단지 가서 자전거 타고, 순두부 정식 먹고 숙소에 들어가면 되겠다."

시간과 날짜, 장소, 등 무엇을 할지 정확히 계획을 잡는 나에 비해 아들은 그냥 '어디든 가요' 했다가 여행 전날 "엄마, 나 컨디션이 너무 안 좋은데 다음에 가면 안 돼요?" 한다. 이런 일들을 몇 번 겪다 보니 나를 무시한다고 오해하고 괘씸하게 여겼다.

사소한 것에 상처받고 속상해하는 엄마를 보면서 아들은 나를 이해할 수 없다고 했고. 나는 나대로 갱년기를 공감해주지 못하는 아들을 이해하지 못했다. 판단형에서 사고형(T)인 아들은 남자들이 누구나 다 군대에 가야 하듯이, 갱년기 역시 모든 여성이 겪는 과정인데 유독 힘들다 하는 엄마의 모습이 유별나다고 생각했다.

공감 받고 위로받는 것을 좋아하는 감정형 엄마와 현실적이고 내향적이며 자유로운 영혼의 사고형 아들은 계속 서로의 다름을 이해하지 못하고 오해하며 힘든 시간을 보냈지만, MBTI 검사를 통해 서로 다른 성격에 대해 이해하고 나니 부딪치고 서운한 일이 줄어들었다. 틀림이 아니라 다름일 뿐이었다. 함께 한 지 20년이 지나서야 서로가 이해되고 공감할 수 있는 계기가 되었다.

언제가 아들에게 엄마 갱년기라 걷기 운동을 해야 하는데 아침에 같이 좀 해주면 안 될까 하고 부탁한 적이 있었다. 예상대로 아들은 싫다고 했었는데 오늘 아침 뜬금없이 아들은 “엄마 나 아침 운동하러 나갈 건데 같이 가실래요?” 했다. 솔직히 날씨도 춥고 가기 싫었지만 내가 한 얘기가 신경 쓰였는지 아침잠 많은 아들이 마음 써주는 게 고마워 옷을 챙겨 입고 따라나섰다. 아들은 무선 이어폰 한쪽을 내 귀에 꽂아주었다. 옛날에 즐겨듣던 7080 신나는 음악이 흘러나왔다. 힙합을 좋아하는 아들이 나를 위해 내가 좋아하는 음악을 미리 준비해온 것이다. “나, 이 노래 아는데, 엄마 어렸을 때 진짜 좋아했던 노래야.” 하자 아들은 쑥스러운 듯 요즘 즐겨 듣는 노래라 한다. 밖에 나가는 거 싫어하고, 말을 많이 하지도 않고, 현실적인 사고형 아들이 감정형 갱년기 엄마를 위해 마음을 내주었다. 음악 소리는 핫초코보다 더 달콤했다. 쌀쌀한 아침 공기 탓에 얼굴도 손도 꽁꽁 얼어붙었지만, 핫 팩으로 온몸을 무장한 마냥 심장이 뜨거워졌다. 바보같이 엄마는 아들의 작은 마음에 15세 소녀가 되었다.

05

가족과 함께 : 자세한 건 만나서 얘기해

갱년기를 겪으며 윤 자매의 우애는 한없이 돈독해졌다. 사춘기 아들과 함께 갱년기를 겪고 있는 큰 언니는 수시로 전화해서 하소연했다. 그 무섭다는 중2 사춘기 아들과의 싸움에서 갱년기가 완패했다고, 몸도 마음도 힘들어 죽겠는데 사춘기 아들 케어하고 싸우다 보면 자신을 돌볼 정신이 없다고 한탄했다. 언니는 아들과의 싸움에 갱년기 가출을 시도하기까지 했다. 사춘기 아들은 처음엔 가출한 엄마를 찾고 미안해했지만, 요즘은 오히려 엄마가 가출하면 '올레' 하고 환호성을 친단다. 엄마의 잔소리를 안 들어도 되고, 맘껏 밤새도록 게임 해도 되며, 배가 고프면 편의점의 인스턴트 식품을 맘껏 먹을 수 있기 때문이다. 무엇보다 혼자 있는 시간을 온전히 누릴 수 있어 엄마의 가출은 집을 '해방 타운'으로 만들어 준다. 큰언니는 어쩜 사춘기 아들과의 전쟁을 통해 갱년기를 극복하고 있는지 모른다. 너무 강력한 중2 사춘기는 갱년기를 무력화시켰다. 자식 이기는 부모 없다는 말처럼 사춘기 이기는 갱년기도 없었다.

작은 언니는 몸의 케어를 통해 갱년기를 극복하고 있다. 고질병이었던 허리 디스크의 통증이 갱년기를 겪으며 많이 심해졌다. 허리뿐 아니라 머리, 목, 어깨, 등까지 근골격과 관절의 통증을 호소했다. 좋다는 한방, 양방 치료는 다 받아봤지만, 소용없었다. 몸이 아프니 의욕이 상실되고 우울함을 겪었다. 그러다 우연히 지인에게 장애인 안마사를 소개받았다. 안마와 침 치료를 받으면서 몸은 좋아지고 통증은 서서히 사라졌다.

병은 알려야 낫는다는 말이 정답이었다. 자신이 앓고 있는 병에 대해 여러 사람에게 알려 병의 치료 방법이나 조언을 구하면 병을 더 빨리 치료할 수 있다. 갱년기 통증 역시 주위에 알려 먼저 겪은 언니들의 경험을 통한 조언이나 도움을 받는다면 훨씬 빨리 극복할 수 있을 것이다.

언니는 갱년기를 통해 건강의 소중함을 뼈저리게 느꼈고, 건강을 위한 새로운 변화를 시도했다. 하루의 시작은 고양이 자세로 스트레칭 하기. 걸어서 출퇴근하기, 반신욕 하기, 골다공증 예방을 위한 뼈에 좋은 칼슘 등 영양제 챙겨 먹기 등 갱년기를 건강의 전환점으로 삼아 자기만의 방법으로 갱년기를 극복해나가고 있었다.

막둥이 여동생은 언니들 아이 낳고 기르는 걸 옆에서 지켜봐서 아이 교육에 뭐가 좋고, 어떻게 해야 하는지 간접경험으로 다 터득했기에 아이를 키우는 것이 그렇게 힘들지 않고, 설사 힘든 일이 생겨도 대처해야 할 방법을 알고 있기에 두렵지 않다고 했다. 갱년기 역시 언니들이 겪는 걸 간접적으로 다 경험해서 앞으로 갱년기가 온다고 해도 편하게 받아들일 수 있고, 어떻게 극복해야 할지 방법도 알 것 같다고 했다.

갱년기를 가장 힘들게 겪는 나는 갱년기 박사가 되었다. '知彼知己(지피지기) 百戰百勝(백전백승)'이다. 갱년기라는 적을 알고 나를 알면 백번 싸워 백번 이길 수 있다. 힘든 갱년기를 극복하기 위해 관련 서적만 수십 권을 읽었고, 갱년기를 겪고 있는 사람들의 경험을 인터뷰했다. 무엇보다 갱년기의 증상을 온몸으로 겪으며 극복하고 있기에 갱년기를 겪는 사람들의 마음을 누구보다 잘 공감할 수 있다. 언니들은 오히려 나에게 물어온다.

"불면증으로 잠이 오지 않을 땐 어떻게 하면 되니?"

"나도 너처럼 갱년기를 좀 멋지게 이겨내고 싶은데 어떤 책을 읽으면 도움이 될까?"

"온몸이 가려운데 어떻게 하면 가라앉을까?"

통화는 어느새 2시간을 훌쩍 넘기고 있었지만 아쉬움에 전화를 끊으며 항상 이렇게 말한다.

"자세한 건 만나서 얘기해."

어릴 땐 형제가 많아 불편한 게 한둘이 아니었다. 많은 것을 나눠야 하기에 싫었고, 징그럽게 싸우기도 많이 했다. 무남독녀로 사랑받는 친구들이 부러웠지만, 지금은 반대로 형제가 많아 부모님께 감사드린다. 평생 내 편인 친구 4명을 만들어주셨다. 엄마가 일찍 돌아가셔서 우린 서로의 엄마가 되어주며 더 돈독해졌다. 여전히 싸우기도 하고 세 명이 한

명을 왕따 시킬 때도 있지만 힘든 일 앞에선 똘똘 뭉치는 윤 자매 4인방이다. 힘들어도 함께 할 수 있는 네 자매가 있어서 좋다. 같이 공감하고 함께 극복할 수 있는 평생의 친구들이 있어서 참 행복하다. 하늘에 계신 엄마에게 죄송하고 감사하다. 위에서 우리 네 자매가 서로를 챙기며 갱년기를 극복해가는 모습을 보고 계신다면 분명 미소 지으며 응원해주실 것이다.

06

아빠와 함께 : 아빠의 청춘 영원하여라!

어린 기억의 아빠는 항상 무서웠다. 우리가 싸우거나, 엄마에게 뭔가를 해달라고 조를 때면 엄마는 소리쳤다.

"수정이 아빠요!!"

이 한 마디면 모든 것이 해결되었다. (참고로 여기서 '수정이'는 우리 큰언니 이름이다) 아빠를 무서워했던 우리 자매는 엄마의 말이 끝나기도

전에 어디론가 도망가고 없었다. 그렇게 무섭고 가부장적이셨던 아빠가 15년 전 교통사고로 시각을 잃으셨다. 육십 평생을 건강히 사시다 앞을 보지 못하게 됐을 때 아빠는 극심한 우울증을 겪으며 힘들어하셨다. 그런 아빠를 다시 일으켜 세운 건 지병으로 거동이 불편하셨던 엄마의 사랑이었다. 엄마는 아빠의 눈이 되어주고, 아빠는 엄마의 손과 발이 되어 서로를 의지하며 사셨다. 그러던 어느 날 엄마가 돌아가셨고 아빠는 암에 걸리시면서 많이 약해지고 변해가셨다. 아침이면 전화를 하셔서 '갓김치, 총각김치 담가 놨다, 텃밭에 상추 뜯어놨는데 밥은 꼭 챙겨 먹고 다녀라.'라고 말씀하시고 친정 엄마 역할을 하시며 내가 아이들에게 하는 잔소리를 다 큰 딸에게 하신다.

갱년기를 겪으며 돌아가신 친정 엄마가 보고 싶을 때면 나는 아빠에게 전화를 건다. 아빠는 시각 장애인 핸드폰을 사용하고 계셔서 내 목소리를 듣기도 전에 벨 소리만으로 내가 누군지 알고 계셨다. 통화 연결음이 울리고 아빠가 전화를 받으시면 어김없이 먼저 말씀하신다.

"우리 셋째 딸 금서! 오랜만에 셋째 딸 목소리 들으니까 아빠가 기분이 너무 좋네!!"

아빠의 이런 말을 들을 때면 너무 죄송하다. 암 치료를 받으시며 자신도 많이 힘들고 지칠 텐데도 자식들이 전화를 드리면 세상에서 가장 밝고 행복한 목소리로 전화를 받으신다. 그리고곤 뭐든 괜찮다, 잘 될 거라는 응원과 함께 "우리 딸, 오늘도 좋은 하루! 사랑해!"로 마지막 인사를 하신다.

얼마 전 아빠와 통화 중에 '어릴 땐 아빠가 너무 무서웠어요.'라고 이야기를 꺼내자 아빠는 50년 만에 아빠가 무섭게 대할 수밖에 없었던 이유를 설명해주셨다. 엄마 나이 열여덟 살에 시집을 와서 큰언니를 낳았다. 계속해서 딸을 낳자 아들 손주만 기다리셨던 할머니가 그렇게 엄마를 구박하셨다고 한다. 어려운 집안 형편 때문에 엄마는 시집살이와 집안일, 양복점 바느질까지 모두 하셔야 했다. 그런데 네 자매가 싸울 때면 '계집애들이 시끄럽게 한다.'라고 할머니가 역정을 내셨다고 한다. 그럼 엄마가 더 힘들어질까 봐 아빠는 선수 쳐서 우리를 나무라고 무섭게 대하셨다고 하셨다.

아빠의 이야기를 들으며 문득 생각나는 것이 있었다. 우리 집은 1남 4녀이다. 엄마는 할머니의 온갖 구박과 시집살이를 견디며 결국에 윤 씨 집안 장손을 낳으셨다. 그렇게 귀하게 얻은 아들이었지만 살면서 아빠는 아들과 딸에 대한 차별은 한 번도 하지 않으셨다. 우리 오 남매의 우애가 유달리 돈독한 이유가 그 속에 있었다. 누나 넷의 뒤를 졸졸 따라다니며 똑같이 "언니야! 언니야!"를 불렀던 남동생이 긍정적이고 오빠 같은 성품으로 잘 성장할 수 있었던 것 또한 아빠의 평등한 자식 사랑 때문이지 않았을까 생각한다.

'부모가 돼봐야 부모 마음을 알 수 있다고 했던가?'

솔직히 나는 힘들게 고생만 하다 일찍 돌아가신 친정 엄마를 생각하면 항상 마음이 아팠다. 반면에 하고 싶은 말 다 하시고, 먹고 싶은 것 맘껏 드시며 긍정적으로 살아야 한다고 주장하시던 아빠를 이해할 수 없을 때도 있었다. 하지만 이제 알 것 같다. 앞이 보이지 않는 자신을 자식들이 신경 쓰고 걱정할까 봐 자식들 마음의 짐을 덜어주고자 더 즐거운 척, 더 잘 먹고 잘 지내는 척 연기를 하다 보니 이제 그것이 일상이 되어버리셨다는 것을…. 아빠랑 자주 통화를 하면서 깨닫는다. 아빠의 일상이 얼마나 외롭고 힘드셨는지, 밤새 열이 나고 온 뼈마디에 통증이 와도 자신은 괜찮다고 걱정하지 말라고 하시던 아빠의 깊은 사랑을 이제는 알 것 같았다.

엄마가 돌아가시고 우울증으로 힘들어하셨던 아빠를 살린 건 반려견 쿠키(하얀색 말티즈)였다. 온종일 누구 하나 말 걸어주는 사람 없었던 아빠에게 쿠키는 아내고 자식이었다. 쿠키는 항상 따뜻한 체온으로 아빠의 옆을 지켜주었고, 시각 장애인이셨던 아빠의 눈이 되어주었다. 그런 쿠키가 세상을 떠났을 때, 아빠는 또 한 번 삶의 의욕을 잃어버리셨다. 하지만 매섭고 추운 겨울이 지나면 따뜻한 봄이 오듯 아빠에게도 또다시 봄이 찾아왔다. 아빠는 이번 봄에도 새로운 자식들을 키운다고 정신이 없으시다. 불굴의 에너자이저, 긍정적인 생각 아빠에게 다시금 행복한 목소리를 만들어준 나의 새로운 형제들은 다름 아닌 아빠 집 베란다 텃밭의 '화초와 채소'들이다.

아빠는 저녁 5시면 저녁을 먹고 해가 지는 7시면 잠자리에 드신다. 새벽 4시면 일어나서 라디오를 들으며 가볍게 아침을 먹고, 해가 뜨면 베란다 문을 열어 화초들과 인사를 나눈다. 베란다 문을 여는 순간 방 안 가득 바람을 타고 들어오는 향긋한 블루베리 꽃향기와 풀잎 향을 맡을 때면, 살아 있음에 그렇게 행복할 수가 없다고 한다. 텃밭의 작은 잎들을 손으로 조심스럽게 만져보며 오늘은 이놈들이 얼마나 자랐는지를 체크하시고, 아침밥으로 물을 가득 주신다고 한다. 한낮의 햇볕을 가득 받을 수 있도록 창을 열어주었다가 밤이면 찬 공기에 감기 들지 않도록 문을 닫아준다고 한다. 아빠는 추운 겨울이 지나고 하루가 다르게 쑥쑥 커가는 요놈들을 보는 재미에 요즘은 하루가 어떻게 가는지 모르겠다고 하신다. 들깨, 부추, 가지, 오이, 방울토마토, 고추, 쑥갓, 곰취, 치커리, 상추들이 어느새 내 형제가 되었다.

맛있는 거 먹어서 기분 좋고, 자식들 건강하고 잘되는 거 말고는 이제 삶에 바람도, 여한도 없고 말씀하시는 아빠. 백발의 긴 머리를 멋있게 묶고, 빨간 바지에 노란색 티셔츠를 입은 채, 나이키 운동화 신발 끈을 고쳐 매시는 아빠는 오늘도 20대 청년이 되어 시각 장애인 협회로 걸어가신다. 노래 교실에서 '멋쟁이 윤훈아'로 어머니들의 마음을 설레게 하고 흥을 돋아주시는 아빠의 청춘은 여전히 진행 중이며 앞으로도 영원할 것이다. '내 몸의 암은 평생 나와 함께 살아갈 내 친구라 생각한다, 부디 갈 때는 많이 아프지 않게 데려가 줘!'라고 말하는 아빠를 보며 어떤 장애와 고통 속에서도 모든 건 내가 마음먹은 대로 이루어진다는 걸 또 한 번 느낀다.

"멋진 개량 한복 한 벌 해 입고 싶다."라고 작은 소망을 이야기하시는 아빠의 모습이 오늘따라 왠지 귀엽게 느껴진다. 텃밭에서 키운 상추와

고추를 따서 삼겹살과 함께 쌈 싸 먹는 우리 아빠. 정성 들여 키운 자식들을 맛있게 먹고는 소주 한 잔의 흥에 취해 '나훈아의 테스형'을 부르고 계실 아빠를 상상하면 입가에 저절로 행복한 미소가 지어진다.

아빠와 많은 대화를 통해 그동안에 쌓였던 오해를 풀고, 따스한 사랑을 느끼게 되었다. 부모가 되어도 부모님의 사랑을 다 알지 못하는 것이 자식이지 않을까. 부모님의 사랑은 늘 모든 것을 뛰어넘는다. 오늘도 멋쟁이 아빠 '윤훈아'의 청춘을 응원한다.

아빠의 청춘이여 영원하여라!!!

07

기적이 이루어지는 가장 간단한 방법

차 문을 열고 운전석에 앉는다. 시동을 걸고 잠시 핸드폰에서 유튜브를 열어 음악을 검색한다. 볼륨을 높이고 앞 소절을 음미하며 주차된 곳에서 여유 있게 빠져나온다. 나도 모르게 흥얼거리다 하이라이트가 되면 차 안은 온통 거위 소리다. 올라가지도 않는 높은음을 따라 부른다. 신호 대기에 차가 멈춰 섰다. 나란히 서 있는 옆 차에 슬쩍 눈길이 간다. 운전석 유리 썬팅을 좀 더 진하게 해야 할까나 잠시 고민하다 이런 내 모습에 피식, 콧소리 반 육성 반 소리가 입에서 흘러나온다. 혹시나 이게 그 유멍한 소리 반 공기 반은 아닌가? 잠시 또 진지하게 생각했다.

요즘 내 가슴을 울리는 노래, 시도 때도 없이 듣고 흥얼거리는 노래는 다름 아닌 이적의 〈말하는 대로〉다. 이 노래를 듣고 있자면 가슴이 요동치고 맘이 울컥거린다. 특히 거위 소리를 내며 따라 부를 땐, 맘먹은 대로 뭐든 할 수 있다는 자신감이 생기고, 지금 당장 내 꿈을 이룬 것 마냥 두둥실 몸이 가벼워진다.

그러던 어느 날 내 맘에 찾아온
작지만 놀라운 깨달음이
내일 뭘 할지 내일 뭘 할지 꿈꾸게 했지

사실은 한 번도 미친 듯 그렇게
달려든 적이 없었다는 것을
생각해봤지, 일으켜 세웠지 내 자신을

말하는 대로 말하는 대로
될 수 있단 걸 눈으로 본 순간

믿어보기로 했지

마음먹은 대로 생각한 대로
할 수 있단 걸 알게 된 순간
고갤 끄덕였지

– 〈말하는 대로〉

맘먹은 대로 리셋 되었다.
생각한 대로 리셋 되었다.
도전했고 말하는 대로 리셋 되었다.

불과 6개월 전만 해도 상상조차 할 수 없던 일이었다. 매일 아프다는 말을 달고 살았고, 갑갑함과 우울함에 눈물만 흘렸던 내가 이렇게 변할 수 있었던 놀라운 깨달음을 당신과 나누고 싶다. 세상은 말하는 대로 맘먹은 대로 생각한 대로 될 수 있다는 깨달음이 나를 일으켜 세우고 꿈꾸게 했다. 행복도 불행도 모두 맘먹기 나름이었다.

이젠 갱년기에 대한 다른 사람의 말과 시선 따위는 두렵지 않다. 내 마음의 소리에 귀 기울이고 나 자신을 사랑하기에도 모자라기에 모든 에너지는 온전히 나에게만 쏟을 것이다. 고통과 아픔이 오면 어떠한가? 이 또한 나의 성장을 위해 감당해야 할 일이라면 당당하게 맞서 이겨 내리라.

혼자서는 힘들겠지만, 긍정에너지 가득한 사람들과 함께라면 할 수 있다는 자신감이 생긴다. 모든 것이 내 마음과 생각의 변화가 가져온 기적 같은 일이었다. 뇌 과학자들은 뇌 가소성에 관해 이야기한다. 뇌는 자신이 규정하는 대로 행동하며 훈련하는 대로 변화한다. 어떠한 사고나 행동이 반복되면 새로운 회로가 형성되는데, 긍정적인 말과 생각을 되뇌면 긍정 회로가 생긴다. 즉 나의 생각이 행동이 되고 행동은 습관을 만들고 습관들이 모여 결국 운명을 결정하게 되는 것이다. 생생하게 상상하면 현실이 된다. 최대한 생생하게 꿈꾸고 마치 모든 일이 다 이루어진 것처럼 행복해했고 상상은 그렇게 자연스럽게 현실이 되었다. 갱년기의 아픔을 누구에게도 쉽게 말할 수 없었고, 이 시기를 어떻게 이겨내야 할지 전혀 방법을 몰랐기 때문에 남들보다 훨씬 더 힘든 시기를 보냈다. 갱년기에 관한 책을 찾아봐도, 증상에 대한 설명이나 몸에 좋은 식품과 영양제, 호르몬 치료 요법이 대부분이었다. 갱년기를 극복할 수 있는 실생활의 사례나 실천 방법은 늘 부족했다.

'우울할 땐 이런 걸 시도해보세요. 불면증으로 잠이 안 올 때 저는 이렇게 했어요. 우울해서 혼자 여행을 떠날 땐 어디가 좋고 안전해요. 관절이 아프고 마디마디가 쑤실 땐 이런 운동이 도움이 되었어요. 이런 책과 독서 모임을 통해 자기 계발을 하고 스스로를 성장시키세요.' 등 진짜 이야기가 필요했다. 누구에게도 말하지 못했던 이야기로 소통하고 공감하며, 힘든 시기를 함께 극복할 방법을 알고 싶었다.

갱년기를 통한 나의 가장 큰 깨달음은 '다른 사람이 행복해질 수 있도록 돕는 일이 나의 가장 큰 행복이 된다.'라는 것이다. 이 깨달음이 누군가에게 위로가 되고, 희망을 줄 수 있다고 생각한다. 갱년기를 힘들게 겪고 있는 여성들에게 조금이나마 힘이 되어주고 싶다. 아직 누구에게 말하지 못하고 혼자 속앓이하며 우울해한다면 당당하게 용기 내라고 응원할 것이다. 그리고 그 여성들이 제2 인생의 시작과 꿈을 찾아가는 과정에 함께하는 리더가 될 것이다.

"나는 갱년기 여성의 성장과 행복을 찾아주는 리더 럽마셀(love myself) 입니다."

마치며

갱년기 여성의 행복을 찾아주는 리더로 다시 태어나다

갱년기를 극복할 수 있었던 가장 큰 비결은 사람이었다. 치유를 위한 글쓰기를 하면서 작가님의 소개로 〈우아한 금요일의 독서 모임(우금독)〉에 참여했다. 그곳에서 만난 분들과 함께 미라클 모닝을 시작했고, 독서 모임을 통해 변화했다.

부정적인 태도는 긍정의 에너지로 바뀌었고 그들과 '함께'라는 생각에 뭐든 할 수 있을 것 같았다. 자연스레 자신감도 생겼다. 내 마음과 표정이 바뀌는 게 느껴졌다. 독서 모임에서 미라클 모닝을 실천하면서 내 인생의 미라클은 시작되었다. 독서 모임과 미라클 모닝 30일을 함께 해내면서 '미모 30일 기념 파티'로 첫 조찬 모임을 했다. 기념 케이크와 다과를 준비했다. 여성 CEO처럼 정장을 차려입고 기념사진도 찍었다. 모임을 통해 '혼자 가면 빨리 갈 수 있지만, 함께 가면 멀리 갈 수 있다.'라는 말을 실감했다.

신혜영 작가님의 비전 워크숍을 통해 각자의 사명을 가지고 〈한국여성리더연구소〉가 만들어졌다. 생각만 했던 일들이 현실에서 일어났고 그 과정에서 나는 성장했다. '한여리'는 각자 꿈을 찾아 하루, 한 달, 1년, 5년 후의 비전과 단계별 계획을 설계하는 곳이다. 내 꿈은 작가가 되는 것이고, 나의 사명은 '갱년기 여성의 성장을 돕고 행복을 찾아주는 리더'였다. 갱년기 여성의 행복을 찾아주는 책을 출간하고, 그 행복을 찾기 위해 내가 할 수 있는 일을 고민하며 성장해나갈 것이다. 다른 사람의 행복이 결국 나의 행복이 될 수 있다는 깨달음을 〈한여리〉와 함께 실천해나갈 것이다.

다음 인생의 프로젝트는 MKYU 열정 대학 김미경 학장님처럼 사람들의 마음에 울림을 줄 수 있는 강연자가 되는 것이다. 아이를 키우며 힘들 때마다 세바시에 나온 김미경 학장님의 강의를 들으며 나를 일으켜 세웠다. 갱년기를 겪을 땐 김미경의 북 드라마를 통해 자기계발서를 읽으며 잊어버렸던 꿈을 되찾았다. 한여리의 미라클모닝과 514챌린지의 모닝짝짝이를 함께하며 꿈을 위한 도전도 시작했다. 새벽 5시의 기상은 이제 습관이 되어버렸고 그 속에서 나는 많은 성장과 기적이 일어남을 느꼈다. 언젠가는 김미경 학장님처럼 사람들의 마음에 동기부여와 울림을 줄 수 있는 진정성 있는 강연자가 되기를 꿈꾸고 있다. 그 여정의 출발점으로 '미니 챌린지 리더'를 신청했고, 기적처럼 갱년기 여자리셋 미니챌린지리더로 선정이 되었다. 이제 나를 들어 올려 내 몸에 맞는 꿈을 만들어 갈 것이다. 처음이라 서툴 수는 있으나 최선과 진심을 다해 임하려 한다.

마지막 인생 프로젝트는 '따숨이네'다. '뜨신 편지' 봉사 활동을 시작하기 위해 '따숨'이라는 단체로 고유번호를 등록했다. 더 나아가 우리 집을 '따숨이네'로 만들고 싶었다. 혼자 어딘가를 여행하고 싶었지만 1박은 겁이 났다. 비싼 호텔에서 혼자 자는 것은 낭만이 아니라 청승이라 생각되었고, 젊은 애들처럼 게스트하우스를 찾는 것도 자신이 없었다. 친정집처럼 따뜻하면서 혼자만의 시간을 조용하면서도 안전하게 보낼 수 있는 곳이 있으면 좋겠다고 생각했다. 혼자지만 안전하고 편안한 잠자리, 그리고 내 이야기를 하고 위로받을 수 있는 곳을 내가 직접 만들고 싶어졌다. 아들이 쓰던 방을 깨끗이 리모델링할 계획이다. 깨끗하고 뽀송뽀송한 호텔 침대 시트를 준비하고, 그 방에서만큼은 행복한 소녀로 꿈꾸며 잠들게 해주고 싶다. 작은 공부방은 향기 가득한 서재로 꾸밀 것이다. 그곳에서 게스트와 이런저런 인생 이야기를 나누며 서로 공감하고 위로하는 시간을 가지고 싶다. 누구보다 갱년기를 힘들게 보냈던 나이기에 갱년기를 힘들게 보내고 있는 또 다른 사람들에게 행복한 시간을 선물하고 싶다. 나를 통해 누군가 위로받고 행복해지는 일이 나를 가장 행복하게 하는 일임을 확신하기 때문이다.

내 인생의 미라클은 이제부터가 시작이다. 나는 다시 태어났고 꿈을 꾸기 시작했다. 갱년기 덕분에 성장한 내 이야기가 힘든 갱년기를 겪고 있을 당신에게 위로가 되었으면 좋겠다. 세상은 뭐든 생각하기 나름이다. 겨울은 반드시 봄을 데리고 온다. 갱년기라는 매섭고 추운 겨울을 잘 버텨냈기에 이제 따뜻한 봄이 오고 있다. 봄이 와도 다시 겨울이 오겠지만, 그 겨울이 지나도 분명 또 봄은 온다. 이 모퉁이만 돌면 당신의 봄은 환히 웃으며 당신을 기다리고 있을 거다. 그리고 이렇게 이야기할 테다.

'토닥토닥, 여기까지 오느라 수고 많았어요.'

부록

함께하는 '여자 리셋'

예쁘십니다

#MKYU#굿짹월드#챌토링#미니챌린지#갱년기여자리셋

1월부터 514챌린지에 참석을 했다. MKYU 김미경 학장님과 함께하는 514챌린지는 또다시 스무 살의 꿈을 꾸게 했다. 1층부터 한층 한층 나를 들어올려 14층까지 오를 때면 매 순간이 벅차고 마음이 설렜다. 하지만 학장님과의 14일이 지나고, 방학 기간에 들어가면, 14층까지 올라갔던 내가 한층 한층 다시 내려오고 있었다. 그러다 미니 챌린지를 알게 되었고, 모닝 짹짹이들과 함께라면 다시 오를 수 있을 거란 생각에 갱년기 여자 리셋 미니 챌린지 리더를 신청하게 되었다. 11대 1의 경쟁률을 뚫고 선정이 되었지만, 인스타나 SNS에 익숙하지 않은 내게 오픈 카톡방을 열고 챌토링을 진행하는 건 힘든 일이었다.

하지만 함께해준 52명의 미니챌린지 리더님들과 갱년기 여자리셋 챌린지 참여자분들의 도움 덕분에 마지막까지 잘 마무리할 수 있었다.

“예쁘십니다.” 인사로 시작한 갱년기 여자 리셋 챌린지는 누구보다 내가 위로받고, 공감받으며, 성장할 수 있는 시간이었다. 한분 한분의 이야기에 서로 울고 웃으며, 갱년기라는 공감대 하나로 우린 따뜻하고 행복한 시간을 함께했다. 그리고 “예쁘십니다”라는 인사에 설레고 행복해하시는 모습을 보면서 우린 아직 예쁜 소녀이고 싶고, 스무 살의 꿈을 꾸고 싶다는 것을 알게 되었다. 매번 ‘꿈꾸는 한 당신은 스무 살입니다.’ 514챌린지 마지막의 20 Again 노래를 들을 때마다 내 가슴이 벅차고 눈물이 났던 이유를 이젠 알 것 같았다.

갱년기 혼자 우울해하고 힘들어하는 분들에게 도움이 되고 싶다. 더 이상 혼자가 아니라는 것을, 마음에 문만 열면 우린 당당하고 우아하게 이 시기를 잘 극복 할 수 있다는 것을 전하고 싶다. 너무나 위로받고 공감받았던 선물 같은 우리의 이야기를 펼쳐본다.

“우리는 아름다웠고, 아름답고, 더 아름다워질 것이다.”

1. 마음 리셋

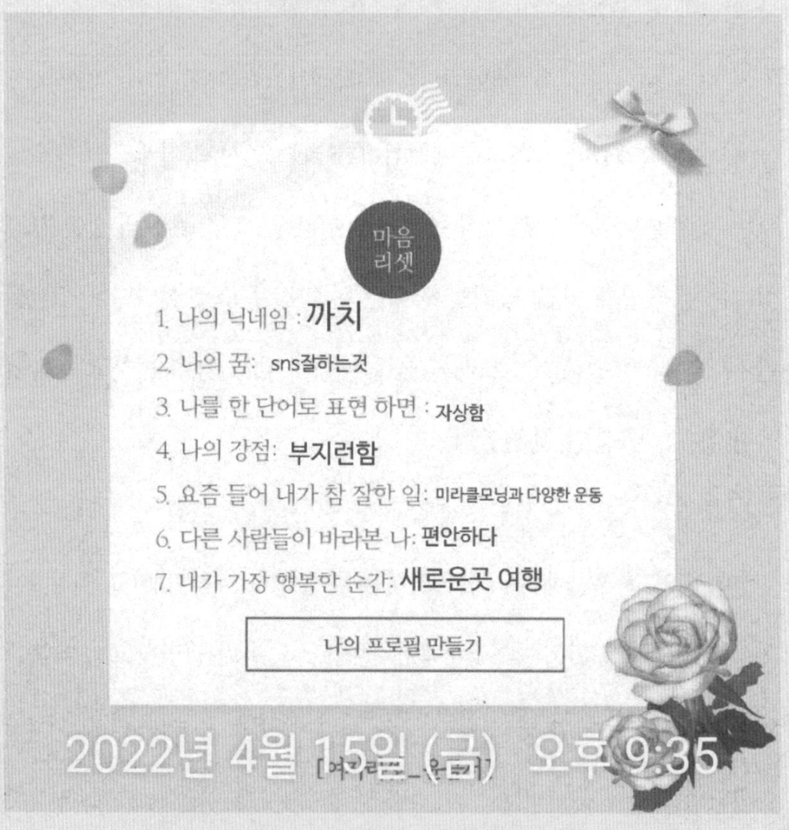
마음
리셋
1. 나의 닉네임 : 까치
2. 나의 꿈: sns잘하는것
3. 나를 한 단어로 표현 하면 : 자상함
4. 나의 강점: 부지런함
5. 요즘 들어 내가 참 잘한 일: 미라클모닝과 다양한 운동
6. 다른 사람들이 바라본 나: 편안하다
7. 내가 가장 행복한 순간: 새로운곳 여행
나의 프로필 만들기
2022년 4월 15일 (금) 오후 9:35

2. 습관 리셋

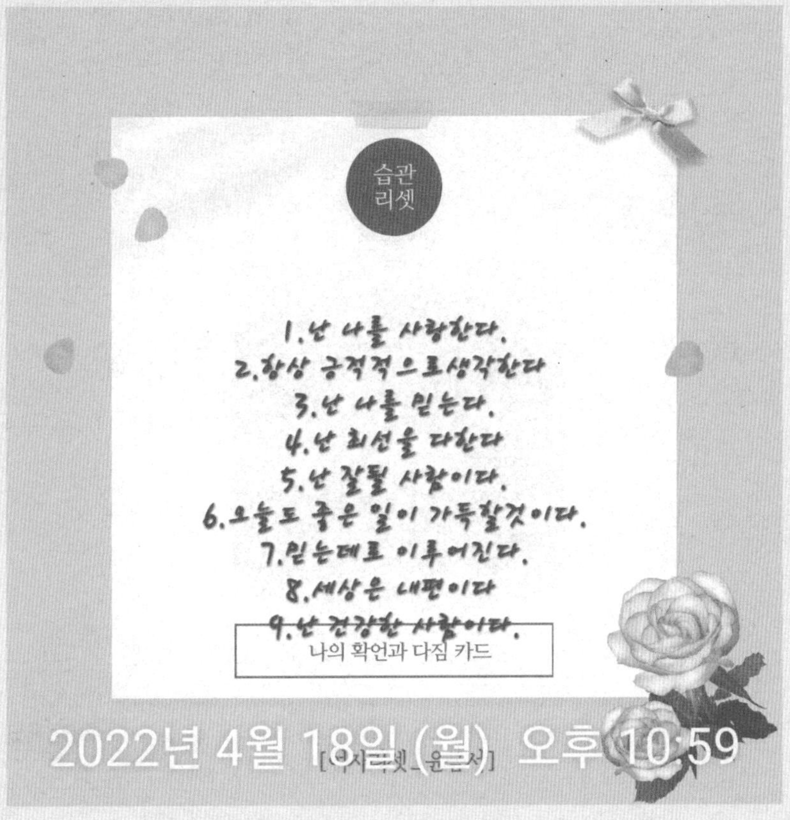

나의 확언과 다짐 카드

3. 건강 리셋

[여자리셋_윤금서]

4. 지혜 리셋

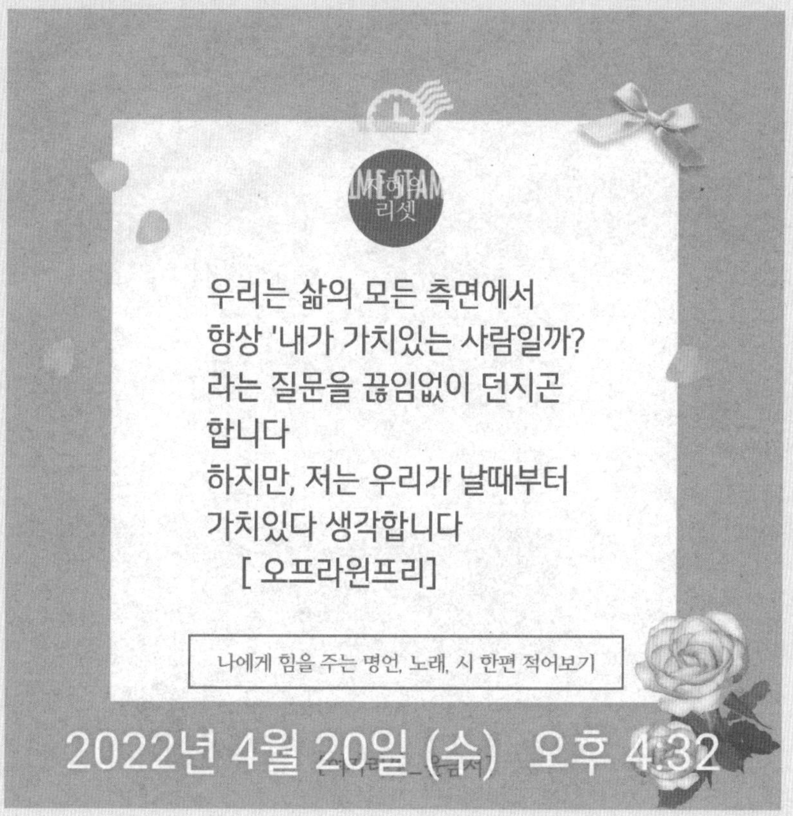
지혜의
리셋
우리는 삶의 모든 측면에서
항상 '내가 가치있는 사람일까?
라는 질문을 끊임없이 던지곤
합니다
하지만, 저는 우리가 날때부터
가치있다 생각합니다
[오프라윈프리]
나에게 힘을 주는 명언, 노래, 시 한편 적어보기
2022년 4월 20일 (수) 오후 4:32

5. 관계 리셋

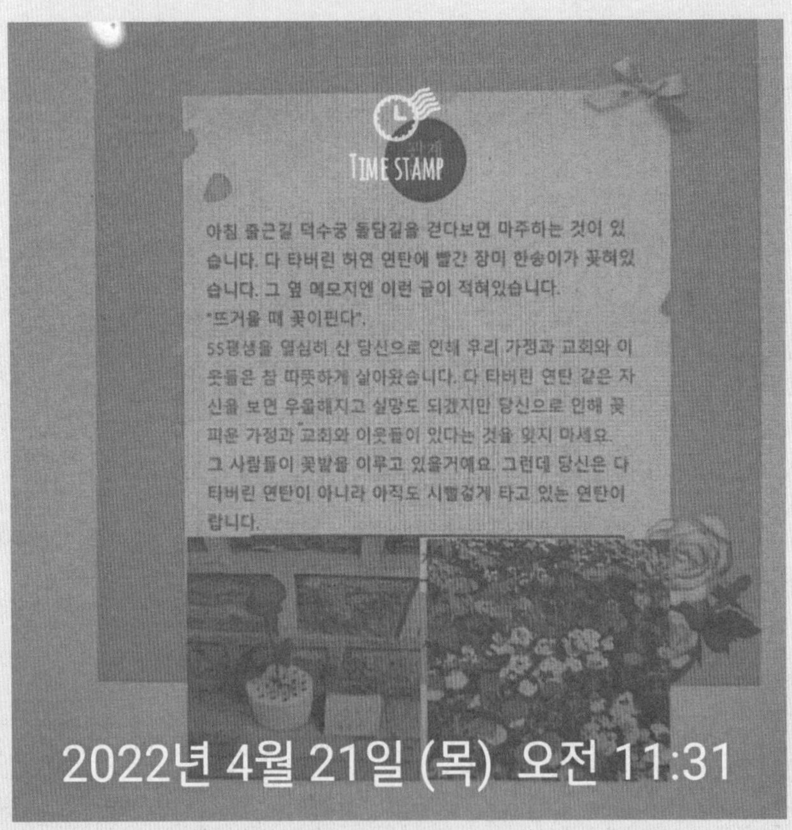
TIME STAMP
아침 출근길 덕수궁 돌담길을 걷다보면 마주하는 것이 있습니다. 다 타버린 허연 연탄에 빨간 장미 한송이가 꽂혀있습니다. 그 옆 메모지엔 이런 글이 적혀있습니다.
"뜨거울 때 꽃이핀다".
55평생을 열심히 산 당신으로 인해 우리 가정과 교회와 이웃들은 참 따뜻하게 살아왔습니다. 다 타버린 연탄 같은 자신을 보면 우울해지고 실망도 되겠지만 당신으로 인해 꽃 피운 가정과 교회와 이웃들이 있다는 것을 잊지 마세요.
그 사람들이 꽃밭을 이루고 있을거에요. 그런데 당신은 다 타버린 연탄이 아니라 아직도 시뻘겋게 타고 있는 연탄이랍니다.
2022년 4월 21일 (목) 오전 11:31

6. 생각 리셋

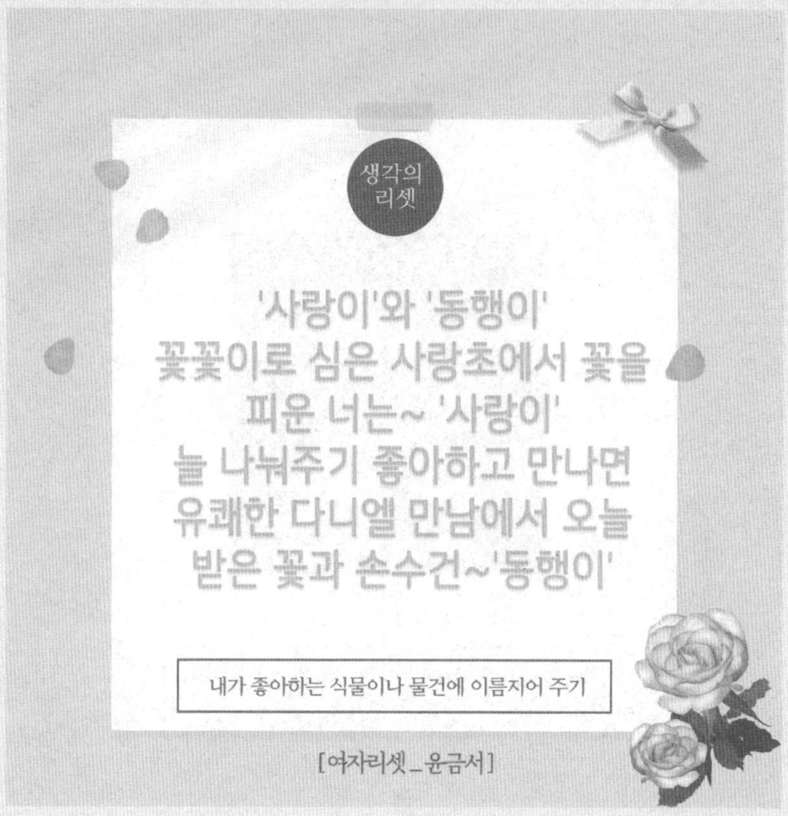
생각의 리셋
'사랑이'와 '동행이'
꽃꽃이로 심은 사랑초에서 꽃을
피운 너는~ '사랑이'
늘 나눠주기 좋아하고 만나면
유쾌한 다니엘 만남에서 오늘
받은 꽃과 손수건~'동행이'
내가 좋아하는 식물이나 물건에 이름지어 주기
[여자리셋_윤금서]

7. 봉사 리셋

함께 나눈 이야기들

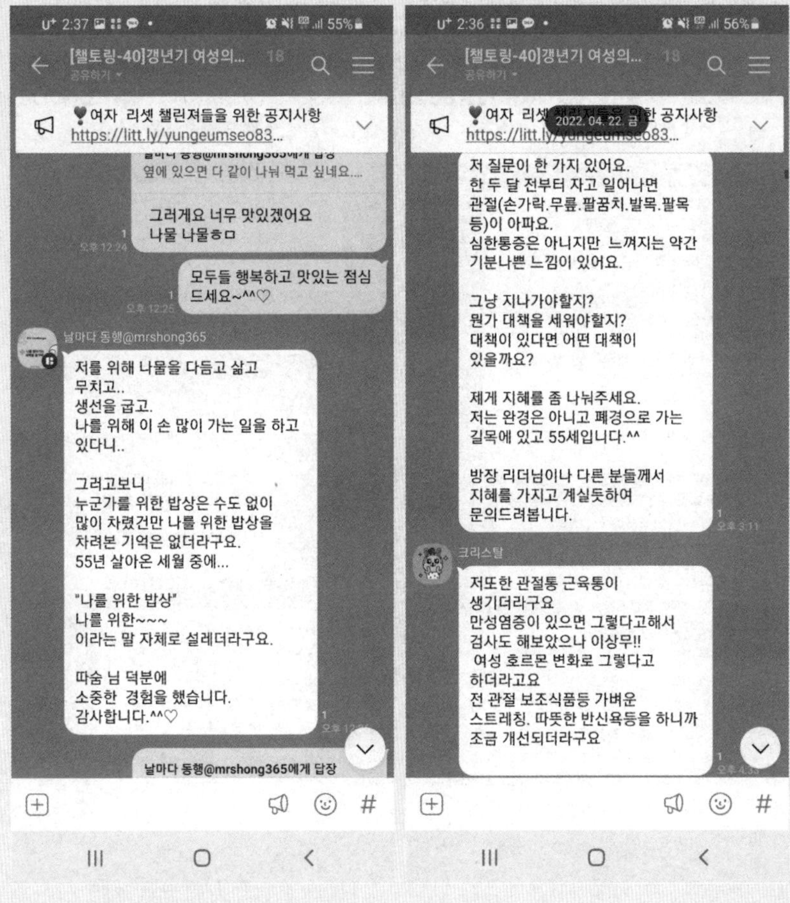
U+ 2:37
55%
[챌토링-40]갱년기 여성의... 18
공유하기
여자 리셋 챌린저들을 위한 공지사항
https://litt.ly/yungeumseo83...
옆에 있으면 다 같이 나눠 먹고 싶네요....
그러게요 너무 맛있겠어요
나물 나물ㅎㅁ
오후 12:24
모두들 행복하고 맛있는 점심 드세요~^^♡
오후 12:25
날마다 동행@mrshong365
저를 위해 나물을 다듬고 삶고 무치고..
생선을 굽고.
나를 위해 이 손 많이 가는 일을 하고 있다니..
그러고보니
누군가를 위한 밥상은 수도 없이 많이 차렸건만 나를 위한 밥상을 차려본 기억은 없더라구요.
55년 살아온 세월 중에...
"나를 위한 밥상"
나를 위한~~~
이라는 말 자체로 설레더라구요.
따숨 님 덕분에
소중한 경험을 했습니다.
감사합니다.^^♡
날마다 동행@mrshong365에게 답장
U+ 2:36
56%
[챌토링-40]갱년기 여성의... 18
공유하기
여자 리셋 챌린저들을 위한 공지사항
2022. 04. 22. 금
https://litt.ly/yungeumseo83...
저 질문이 한 가지 있어요.
한 두 달 전부터 자고 일어나면 관절(손가락.무릎.팔꿈치.발목.팔목 등)이 아파요.
심한통증은 아니지만 느껴지는 약간 기분나쁜 느낌이 있어요.
그냥 지나가야할지?
뭔가 대책을 세워야할지?
대책이 있다면 어떤 대책이 있을까요?
제게 지혜를 좀 나눠주세요.
저는 완경은 아니고 폐경으로 가는 길목에 있고 55세입니다.^^
방장 리더님이나 다른 분들께서 지혜를 가지고 계실듯하여 문의드려봅니다.
오후 3:11
크리스탈
저또한 관절통 근육통이 생기더라구요
만성염증이 있으면 그렇다고해서 검사도 해보았으나 이상무!!
여성 호르몬 변화로 그렇다고 하더라고요
전 관절 보조식품등 가벼운 스트레칭. 따뜻한 반신욕등을 하니까 조금 개선되더라구요

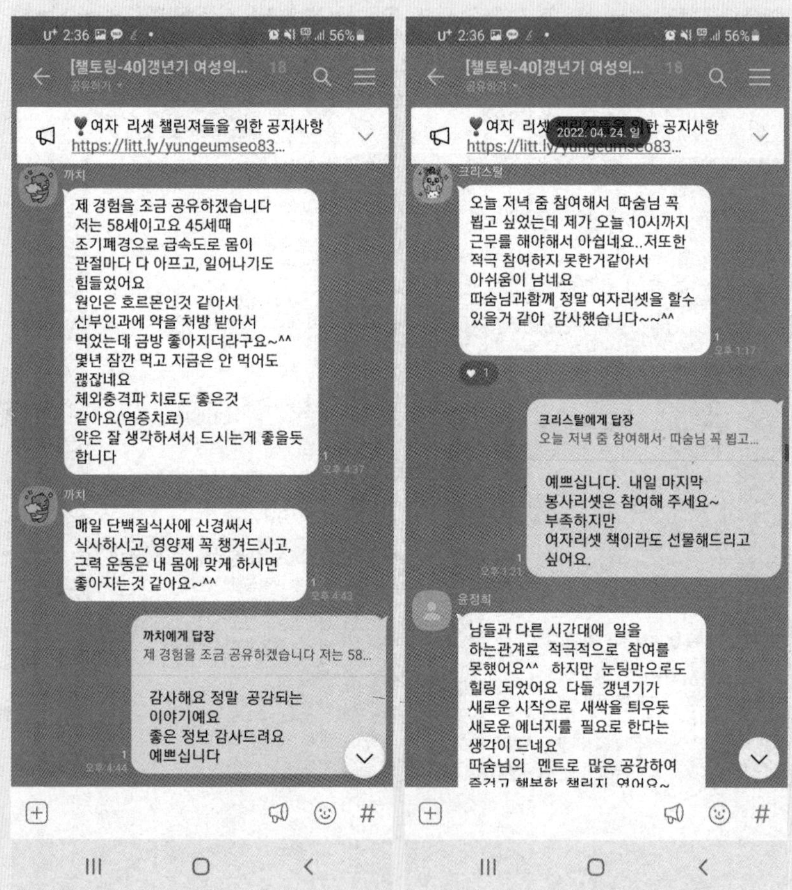
U⁺ 2:36
56%
[챌토링-40]갱년기 여성의... 18
공유하기
여자 리셋 챌린저들을 위한 공지사항
https://litt.ly/yungeumseo83...
까치
제 경험을 조금 공유하겠습니다
저는 58세이고요 45세때
조기폐경으로 급속도로 몸이
관절마다 다 아프고, 일어나기도
힘들었어요
원인은 호르몬인것 같아서
산부인과에 약을 처방 받아서
먹었는데 금방 좋아지더라구요~^^
몇년 잠깐 먹고 지금은 안 먹어도
괞잖네요
체외충격파 치료도 좋은것
같아요(염증치료)
약은 잘 생각하셔서 드시는게 좋을듯
합니다
까치
매일 단백질식사에 신경써서
식사하시고, 영양제 꼭 챙겨드시고,
근력 운동은 내 몸에 맞게 하시면
좋아지는것 같아요~^^
까치에게 답장
제 경험을 조금 공유하겠습니다 저는 58...
감사해요 정말 공감되는
이야기예요
좋은 정보 감사드려요
예쁘십니다
U⁺ 2:36
56%
[챌토링-40]갱년기 여성의... 18
공유하기
여자 리셋 챌린저들을 위한 공지사항
2022. 04. 24. 일
크리스탈
오늘 저녁 줌 참여해서 따숨님 꼭
뵙고 싶었는데 제가 오늘 10시까지
근무를 해야해서 아쉽네요..저또한
적극 참여하지 못한거같아서
아쉬움이 남네요
따숨님과함께 정말 여자리셋을 할수
있을거 같아 감사했습니다~~^^
크리스탈에게 답장
오늘 저녁 줌 참여해서 따숨님 꼭 뵙고...
예쁘십니다. 내일 마지막
봉사리셋은 참여해 주세요~
부족하지만
여자리셋 책이라도 선물해드리고
싶어요.
윤정희
남들과 다른 시간대에 일을
하는관계로 적극적으로 참여를
못했어요^^ 하지만 눈팅만으로도
힐링 되었어요 다들 갱년기가
새로운 시작으로 새싹을 틔우듯
새로운 에너지를 필요로 한다는
생각이 드네요
따숨님의 멘트로 많은 공감하여

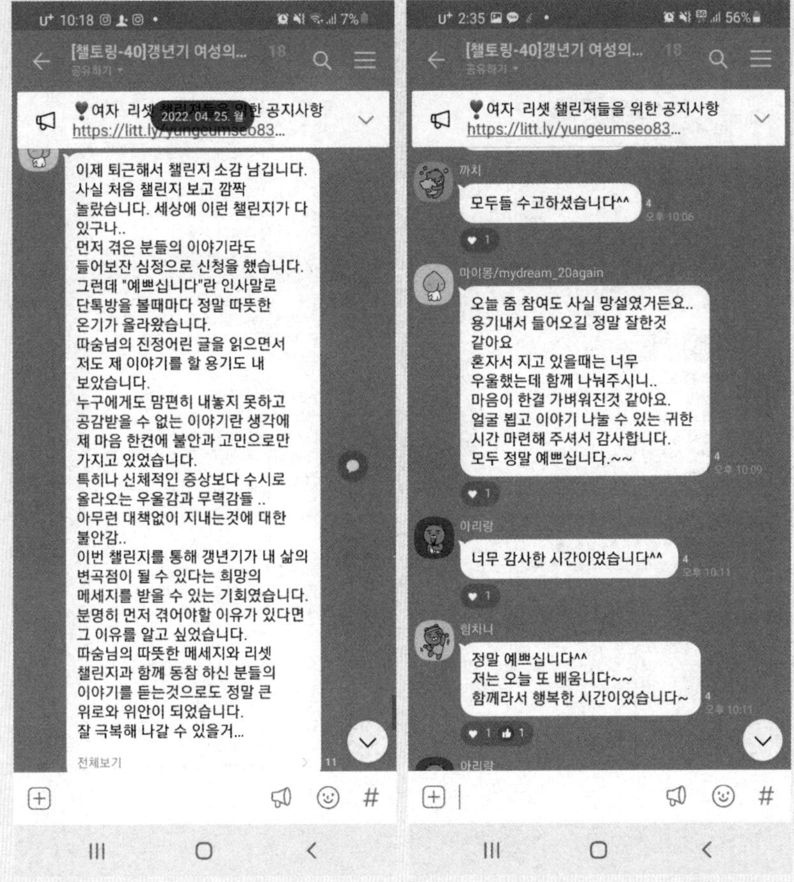
[챌토링-40]갱년기 여성의...
여자 리셋 챌린저들을 위한 공지사항
https://litt.ly/yungeumseo83...
2022. 04. 25. 월
이제 퇴근해서 챌린지 소감 남깁니다.
사실 처음 챌린지 보고 깜짝
놀랐습니다. 세상에 이런 챌린지가 다 있구나..
먼저 겪은 분들의 이야기라도
들어보잔 심정으로 신청을 했습니다.
그런데 "예쁘십니다"란 인사말로
단톡방을 볼때마다 정말 따뜻한
온기가 올라왔습니다.
따숨님의 진정어린 글을 읽으면서
저도 제 이야기를 할 용기도 내
보았습니다.
누구에게도 맘편히 내놓지 못하고
공감받을 수 없는 이야기란 생각에
제 마음 한켠에 불안과 고민으로만
가지고 있었습니다.
특히나 신체적인 증상보다 수시로
올라오는 우울감과 무력감들 ..
아무런 대책없이 지내는것에 대한
불안감..
이번 챌린지를 통해 갱년기가 내 삶의
변곡점이 될 수 있다는 희망의
메세지를 받을 수 있는 기회였습니다.
분명히 먼저 겪어야할 이유가 있다면
그 이유를 알고 싶었습니다.
따숨님의 따뜻한 메세지와 리셋
챌린지과 함께 동참 하신 분들의
이야기를 듣는것으로도 정말 큰
위로와 위안이 되었습니다.
잘 극복해 나갈 수 있을거...
전체보기
[챌토링-40]갱년기 여성의...
여자 리셋 챌린져들을 위한 공지사항
https://litt.ly/yungeumseo83...
까치
모두들 수고하셨습니다^^
마이몽/mydream_20again
오늘 줌 참여도 사실 망설였거든요..
용기내서 들어오길 정말 잘한것
같아요
혼자서 지고 있을때는 너무
우울했는데 함께 나눠주시니..
마음이 한결 가벼워진것 같아요.
얼굴 뵙고 이야기 나눌 수 있는 귀한
시간 마련해 주셔서 감사합니다.
모두 정말 예쁘십니다.~~
아리랑
너무 감사한 시간이었습니다^^
힘차니
정말 예쁘십니다^^
저는 오늘 또 배웁니다~~
함께라서 행복한 시간이었습니다~

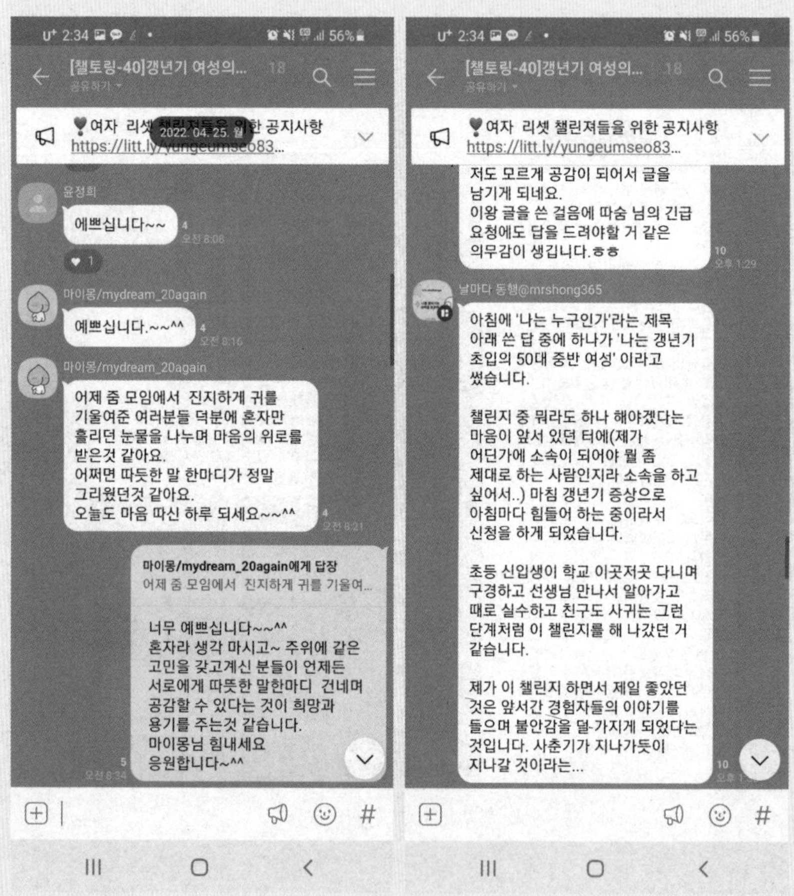
U⁺ 2:34
56%
[챌토링-40]갱년기 여성의...
18
공유하기
여자 리셋 챌린져들을 위한 공지사항
https://litt.ly/yungeumseo83...
2022. 04. 25. 월
윤정희
예쁘십니다~~
4
오전 8:06
마이몽/mydream_20again
예쁘십니다.~~^^
4
오전 8:16
마이몽/mydream_20again
어제 줌 모임에서 진지하게 귀를
기울여준 여러분들 덕분에 혼자만
흘리던 눈물을 나누며 마음의 위로를
받은것 같아요.
어쩌면 따듯한 말 한마디가 정말
그리웠던것 같아요.
오늘도 마음 따신 하루 되세요~~^^
4
오전 8:21
마이몽/mydream_20again에게 답장
어제 줌 모임에서 진지하게 귀를 기울여...
너무 예쁘십니다~~^^
혼자라 생각 마시고~ 주위에 같은
고민을 갖고계신 분들이 언제든
서로에게 따뜻한 말한마디 건네며
공감할 수 있다는 것이 희망과
용기를 주는것 같습니다.
마이몽님 힘내세요
응원합니다~^^
5
오전 8:34
U⁺ 2:34
56%
[챌토링-40]갱년기 여성의...
18
공유하기
여자 리셋 챌린져들을 위한 공지사항
https://litt.ly/yungeumseo83...
저도 모르게 공감이 되어서 글을
남기게 되네요.
이왕 글을 쓴 걸음에 따숨 님의 긴급
요청에도 답을 드려야할 거 같은
의무감이 생깁니다.ㅎㅎ
10
오후 1:29
날마다 동행@mrshong365
아침에 '나는 누구인가'라는 제목
아래 쓴 답 중에 하나가 '나는 갱년기
초입의 50대 중반 여성' 이라고
썼습니다.
챌린지 중 뭐라도 하나 해야겠다는
마음이 앞서 있던 터에(제가
어딘가에 소속이 되어야 뭘 좀
제대로 하는 사람인지라 소속을 하고
싶어서..) 마침 갱년기 증상으로
아침마다 힘들어 하는 중이라서
신청을 하게 되었습니다.
초등 신입생이 학교 이곳저곳 다니며
구경하고 선생님 만나서 알아가고
때로 실수하고 친구도 사귀는 그런
단계처럼 이 챌린지를 해 나갔던 거
같습니다.
제가 이 챌린지 하면서 제일 좋았던
것은 앞서간 경험자들의 이야기를
들으며 불안감을 덜-가지게 되었다는
것입니다. 사춘기가 지나가듯이
지나갈 것이라는...
10

U+ 2:34
56%
[챌토링-40]갱년기 여성의... 18
공유하기
여자 리셋 챌린저들을 위한 공지사항
https://litt.ly/yungeumseo83...
2022. 04. 25. 월
솔직하게 털어놓고
위로받으며 잠시마나
쉴수 있었던것 같아요.
따숨님 감사했습니다^^
우리의 당당한 갱년기를 응원합니다
11
오후 2:01
까치
따숨@yungeumseo83에게 답장
갱년기를 맞이하는 여성들의 마음은 똑...
대단하셔요~진심으로
축하드립니다^^
11
오후 2:13
까치
따숨@yungeumseo83에게 답장
죄송하지만, 긴급 요청드립니다 갱년기...
갱년기 여자리셋 챌린지를 하면서
행복하다는 생각이 들었습니다.
누구와 함께 공유하고 위로 받는게
큰 힘이 된다는 걸 알게해 준
계기가 되었습니다. 나를 더
사랑하게 되었습니다
감사합니다^^
14
오후 2:27
U+ 2:34
56%
[챌토링-40]갱년기 여성의... 18
공유하기
여자 리셋 챌린저들을 위한 공지사항
https://litt.ly/yungeumseo83...
2022. 04. 25. 월
아리랑
예쁘십니다~~~~^^
이 인사는 건네는 사람도 받는
사람도
참 행복하게 하네요!
저는 갱년기를 경험해보지 못했지만
슬기롭게 지나가고 싶은 마음에
참석을 했어요.
여자라면 한번은 겪어야 할
갱년기이지만 겪기전에는
막연하게 두렵기만 하고
겪는중에는 어디서 말도 제대로
못하고 혼자 속앓이 하잖아요..
하지만 이렇게 같은 고민을 가진
사람들을 만나
솔직하게 털어놓고
위로받으며 잠시마나
쉴수 있었던것 같아요.
따숨님 감사했습니다^^
우리의 당당한 갱년기를 응원합니다
11
오후 2:01

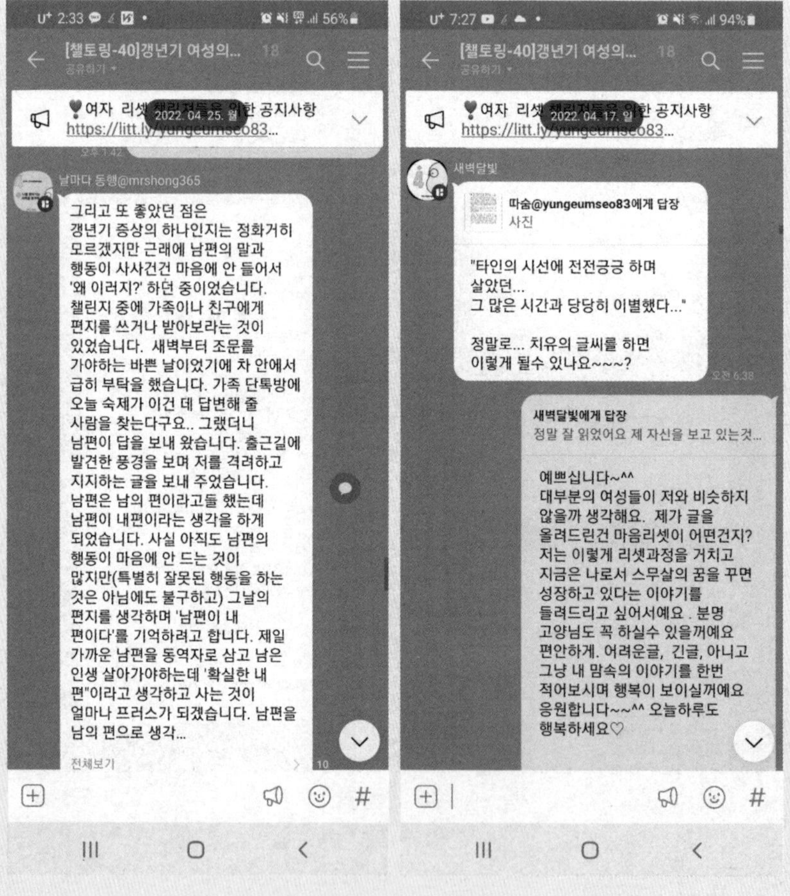
U+ 2:33
56%
[챌토링-40]갱년기 여성의... 18
공유하기
여자 리셋 챌린저들을 위한 공지사항
2022. 04. 25. 월
https://litt.ly/yungeumseo83...
오후 1:42
날마다 동행@mrshong365
그리고 또 좋았던 점은
갱년기 증상의 하나인지는 정확거히
모르겠지만 근래에 남편의 말과
행동이 사사건건 마음에 안 들어서
'왜 이러지?' 하던 중이었습니다.
챌린지 중에 가족이나 친구에게
편지를 쓰거나 받아보라는 것이
있었습니다. 새벽부터 조문를
가야하는 바쁜 날이었기에 차 안에서
급히 부탁을 했습니다. 가족 단톡방에
오늘 숙제가 이건 데 답변해 줄
사람을 찾는다구요.. 그랬더니
남편이 답을 보내 왔습니다. 출근길에
발견한 풍경을 보며 저를 격려하고
지지하는 글을 보내 주었습니다.
남편은 남의 편이라고들 했는데
남편이 내편이라는 생각을 하게
되었습니다. 사실 아직도 남편의
행동이 마음에 안 드는 것이
많지만(특별히 잘못된 행동을 하는
것은 아님에도 불구하고) 그날의
편지를 생각하며 '남편이 내
편이다'를 기억하려고 합니다. 제일
가까운 남편을 동역자로 삼고 남은
인생 살아가야하는데 '확실한 내
편"이라고 생각하고 사는 것이
얼마나 프러스가 되겠습니다. 남편을
남의 편으로 생각...
전체보기
10
U+ 7:27
94%
[챌토링-40]갱년기 여성의... 18
공유하기
여자 리셋 챌린저들을 위한 공지사항
2022. 04. 17. 일
https://litt.ly/yungeumseo83...
새벽달빛
따숨@yungeumseo83에게 답장
사진
"타인의 시선에 전전긍긍 하며
살았던...
그 많은 시간과 당당히 이별했다..."
정말로... 치유의 글씨를 하면
이렇게 될수 있나요~~~?
오전 6:38
새벽달빛에게 답장
정말 잘 읽었어요 제 자신을 보고 있는것...
예쁘십니다~^^
대부분의 여성들이 저와 비슷하지
않을까 생각해요. 제가 글을
올려드린건 마음리셋이 어떤건지?
저는 이렇게 리셋과정을 거치고
지금은 나로서 스무살의 꿈을 꾸면
성장하고 있다는 이야기를
들려드리고 싶어서예요 . 분명
고양님도 꼭 하실수 있을꺼예요
편안하게. 어려운글, 긴글, 아니고
그냥 내 맘속의 이야기를 한번
적어보시며 행복이 보이실꺼예요
응원합니다~~^^ 오늘하루도
행복하세요♡

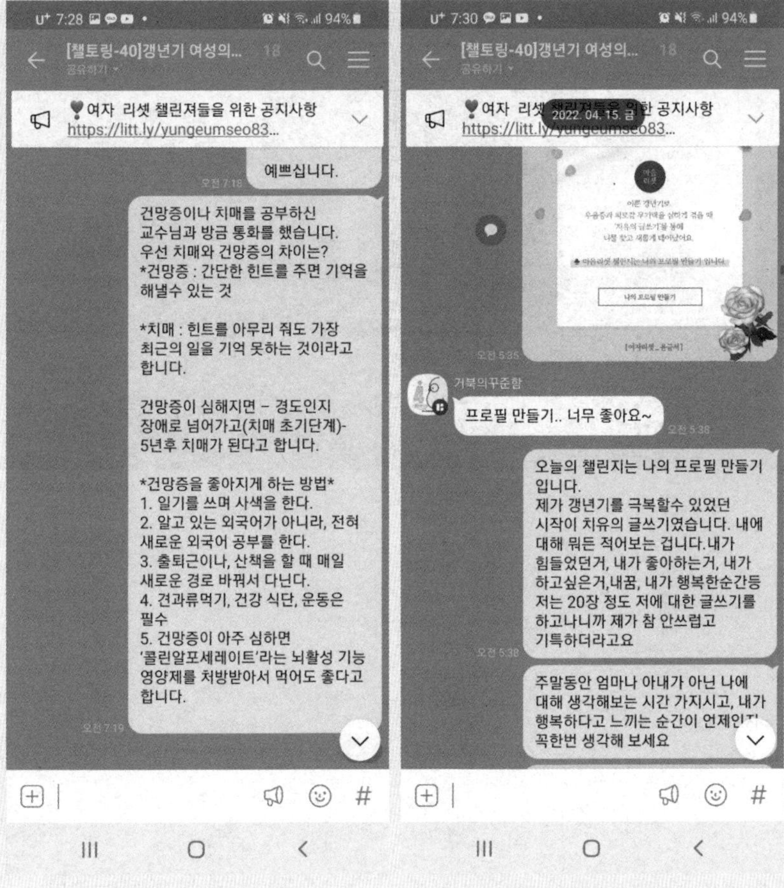

U+ 7:28
94%
[챌토링-40]갱년기 여성의...
18
공유하기
여자 리셋 챌린져들을 위한 공지사항
https://litt.ly/yungeumseo83...
예쁘십니다.
오전 7:18
건망증이나 치매를 공부하신
교수님과 방금 통화를 했습니다.
우선 치매와 건망증의 차이는?
*건망증 : 간단한 힌트를 주면 기억을
해낼수 있는 것

*치매 : 힌트를 아무리 줘도 가장
최근의 일을 기억 못하는 것이라고
합니다.

건망증이 심해지면 – 경도인지
장애로 넘어가고(치매 초기단계)-
5년후 치매가 된다고 합니다.

건망증을 좋아지게 하는 방법
1. 일기를 쓰며 사색을 한다.
2. 알고 있는 외국어가 아니라, 전혀
새로운 외국어 공부를 한다.
3. 출퇴근이나, 산책을 할 때 매일
새로운 경로 바꿔서 다닌다.
4. 견과류먹기, 건강 식단, 운동은
필수
5. 건망증이 아주 심하면
'콜린알포세레이트'라는 뇌활성 기능
영양제를 처방받아서 먹어도 좋다고
합니다.
오전 7:19
U+ 7:30
94%
[챌토링-40]갱년기 여성의...
18
공유하기
여자 리셋 챌린져들을 위한 공지사항
2022. 04. 15. 금
https://litt.ly/yungeumseo83...
오전 5:35
거북의꾸준함
프로필 만들기.. 너무 좋아요~
오전 5:38
오늘의 챌린지는 나의 프로필 만들기
입니다.
제가 갱년기를 극복할수 있었던
시작이 치유의 글쓰기였습니다. 내에
대해 뭐든 적어보는 겁니다.내가
힘들었던거, 내가 좋아하는거, 내가
하고싶은거,내꿈, 내가 행복한순간등
저는 20장 정도 저에 대한 글쓰기를
하고나니까 제가 참 안쓰럽고
기특하더라고요
오전 5:38
주말동안 엄마나 아내가 아닌 나에
대해 생각해보는 시간 가지시고, 내가
행복하다고 느끼는 순간이 언제인지
꼭한번 생각해 보세요

윤금서
아리랑
까치
마이몽
힘차니
날마다 동행
윤정희